# Verbindung zwischen der vedischen & abendländischen Astrologie

*\*\*\*Lebens- und Paarbindungsharmonien
der vedischen und abendländischen Astrologie
kombiniert\*\*\**
*\*\*Aspekte der Sonne in Wechselwirkung\*\**
*\*Tiefen- und Oberflächenstruktur\**

*Sarasvati Shakti Scripts*

*Anna-Helena Iennaco Sarasvati Shakti* wurde am 7.7.1973 in Zürich, Schweiz, geboren. Ihre Eltern waren Lehrpersonen in der Kunst und Gardening-Kultur. Ihr Vater war Kunstakademiker und mehrfacher Lyrikpreisgewinner in den Städten Norditaliens. Ihre Mutter flüchtete 1968 aus der damaligen Tschechoslowakei und widmete sich mit viel Liebe und Passion dem Briefeschreiben, Geschenke machen - wie ihre eigene Mutter und ebenso dem „Healing-Gardening" als heilsame Therapieform zur Ausbalancierung von Körper, Geist und Seele im Herzensgarten der jenseitigen Ewigkeit.

Die Autorin besuchte unterschiedliche Lehrstätten und machte verschiedene Ausbildungen: zuerst die kaufmännische Lehre, dann die Matura und das Studium der Fächer Biologie, Psychologie, italienische Literatur und Linguistik, Latein, Sanskrit, Indologie, Religionswissenschaften, Sozialpädagogik an der Universität Zürich mit Abschluss in Sonderpädagogik, Pädagogische Psychologie/Didaktik und Philosophie. Die Vorgehens- und Verstehensweisen des ressourcenorientierten Empowerments, des Normalitätsprinzips, der Karitas, der Salutogenese und der Anthroposophie wurden zu einem Ganzen mit unterschiedlichen Facetten in einem vereint und verbunden.

Sie arbeitete in verschiedenen Betrieben der Privatwirtschaft und Öffentlichkeit, unterrichtete mehrere Jahre Italienisch für Schweizer und Schweizerinnen und Deutsch für Tamilen und Tamilinnen, arbeitet seit über zehn Jahren im gerontagogischen Bereich, zeichnet, malt, schreibt und musiziert, tanzte und spielte Theater in verschiedenen Rollen. Eines ihrer langjährigen Tätigkeitsfelder, neben der Kunst und Kultur, ist das Medium des Radios, Äthers. Sie engagiert sich karitativ für Menschen- und Frauenrechte seit 2005 beim ältesten freien Radio der Schweiz, Radio LoRa, und berät, empowert unzählige Menschen über viele Tarots- und Astrologiesysteme. Lichtchirurgie über Telepathie (Gedankenübertragung) gehört zu ihren Spezialgebieten.

Zu ihren längeren Studien und der Praxis gehören das Lebenlernen der vedischen Inhalte, das Praktizieren des grossen Bhakti-Yoga-Weges, ganz im Sinne Gandhis (Sevagram und Satyagraha).

2001 gründete sie das Werk „Gandhi Non-Violence Centre" in der Schweiz. Dieses verbreitet ressourcenorientiert, vernetzt, gewaltlos und karitativ die Theorie und Praxis der Gewaltlosigkeit verschiedener Aktivistinnen und Aktivisten und somit die Inhalte Mahatma Gandhis.

3

Sarasvati Shakti

16. März 2013, Krishna-Tempel Zürich, an einem Hochzeitsfest

# Inhaltsverzeichnis

Für

Hajo Banzhaf

und

Leonore Lauterborn Sundari Swamini

# Vorwort

Was ist eine Beziehung, Verbindung? Was sagen die Sternenbilder und -holgramme dazu? Wie harmonieren die unterschiedlichen Sonnenaspekte des vedischen und abendländischen Astrologiesystems? Hier bietet sich die Möglichkeit, das zu entdecken – wir machen uns hier auf eine Reise um die Erde zur Sonne und wieder zurück. Wir finden dabei einige harmonische, typische Regelmässigkeiten, die sich auf die Bewegungen der Menschen auswirken.

Das vorliegende Werk schrieb ich als Seva – als selbstlosen Dienst – wie Buch eins und zwei in der Reihe „Sarasvati Shakti Scirpts" für meine Freunde und Freundinnen, die an Astrologie und Beziehungsgestaltung interessiert sind, Eingeweihte oder nicht Eingeweihte, Hobby-Astrologen und -Astrologinnen, Lehrende und Lernende. Es ist das, was ich seit meinen ersten Erkundungen und Analysen der Astrologie an Erfahrungen und Beobachtungen gesammelt habe. Diese möchte ich gerne teilen. Die Astrologie des Abendlandes ist die Basis und die Astrologie der vedischen Kultur hatte ich früher ansatzweise bei einem Meister in Sachen vedische Astrologie in einem vedischen Sommercamp 2003 in Dôle, Frankreich, gelernt. Seither habe ich viele andere Systeme studiert und bemerkt, dass die meisten Systeme im Grundsatz entweder dem abendländischen oder dem vedischen System ähneln.

Mit der Zeit entwickelte ich das Auge für die Nuancen der abendländischen Astrologie und immer mehr das Auge für den Facettenreichtum der vedischen Astrologie. Ich beobachtete so in

15Jahren ca. 1000 Individuen und ca. 200 Zweierverbindungen, dazu auch ein paar Dreierverbindungen.

Ich erkannte bald, dass die beiden Systeme eigene Rotationen, Bewegungen sind, die aber miteinander dynamisch in Wechselwirkung stehen. Sie verhalten sich in Relation zusammen wie eine Inszenierung und ein in Kontakttreten der **Oberflächenstruktur,** *Abendland,* UND die wirkenden Kräfte, Herausforderungen und Möglichkeiten, die sich in der Tiefe, also der **Tiefenstruktur,** *vedische Kultur,* im Verlaufe der Zeit manifestieren. So erscheinen mit diesen Kräften im Hintergrund die körperlichen, geistigen und seelischen Strukturen, eine Art Matrix, Hologramm oder auch DNA-Struktur. Kräfte stehen dahinter, die wir so nicht einfach sehen können, bestätigt durch die zahlreichen Untersuchungen ähnlicher Forschungsgebiete wie z.B der Geistheilung, besprochen von Dr. Matthias Kamp, in „Revolution in der Medizin", scheint es da mehr zu geben, als wir mit unseren einfachen Sinnesorganen wahrnehmen können.

Der betrachtete Aspekt, Planet, ist in diesem Werk lediglich die Sonne des abendländischen und vedischen Systems in Kombination, in Harmonie miteinander. Mond, Aszendent, Merkur, Venus, Mars usw. können geschulte Astrologen und Astrologinnen sehr einfach herleiten. Die Kombinationsvarianten steigern sich in der Zahl enorm. Es empfiehlt sich einmal den Aspekt der Sonne und später der anderen zwei Superpositionen, Aszendent und Mond, genauer zu betrachten, Merkur, wenn es um die Feinstruktur der Kommunikation geht und Venus und Mars, um die Feinstruktur der Sinnlichkeit und Sexualität zu erfassen. In der Gestaltung des Sakral- bzw. Sexualchakras, dem Spannungsbogen zwischen dem „Zwillingschakra", sind für das geschultere Auge Hinweise und Hilfestellungen zu erkennen, wo man allenfalls auf negativen Verstrickungen aufmerksam macht und konstruktiv löst oder zu positiven Zweierverbindungen rät. In jedem Fall kann man etwas Positives lernen und Erfahrungen sammeln.

Herzlich und im Dienste für die Welt und den Frieden der Menschen, Amazon Create Space sei Dank, dass es möglich wird, solche Bücher so unabhängig und frei zu realisieren. Ich entschuldige mich bei denjenigen, die ein Buch über Amazon beziehen und doch einen kleinen Geldbetrag für die bei Amazon entstandenen Druck- und Versandkosten zahlen – es ist leider noch nicht so ganz karitativ, wie ich mir das vorstelle. Ein Dankeschön auch an meinen Korrektoren und meine Korrektorin, SchriftstellerInnen und Lehrpersonen, Ruedi und Leonore. Ein herzliches Dankeschön. Auch ein herzliches Dankeschön an Armin, für das geduldige, liebevolle Zuhören am Phone, wenn ich stundenlang von meinen Bhakti-Yoga-Projekten spreche und erzähle – so auch dieses weitere, dritte, Bhakti-Yoga-Buch-Projekt, im Sinne Mahatma Gandhis. Ein Dankeschön an alle lieben Menschen, die dieses Projekt der Liebe auf dieser Welt mitgestalten.

Eure

Anna-Helena Iennaco Sarasvati Shakti (FB)

Tel. : 0041 77 426 42 04

Gandhi Non-Violence Centre, CH

# 1. Kombinierte vedische und abendländische Astrologie

# Eine Einführung

### 1.1 Wozu ist Astrologie nötig? Wozu dient Astrologie?

Wenn wir an die Astrologie denken, meinen wir gleich, dass es sich um den Einfluss der Sterne auf unser Gemüt handelt. In der Tatsache ist es uns nicht möglich, letztendlich „*wirklich*" zu wissen, welches der exakte Mechanismus ist. Jeder und jede der dazu gewillt ist, entwickelt eine Intuition dafür, dass sie richtig ist. Sind es die Sterne selber, die uns führen oder die Sonne, der Mond und andere Planeten in einem komplexen Geflecht von Wechselwirkungen oder sind es dahinter stehende Kräfte, die wir anhand der Planetenbewegungen, den individuellen Eigenschaften einer Person und ihren Charaktermerkmalen vermuten oder intuitiv spüren?

### 1.2 Die Sonne - unsere Lebensquelle neben anderen

Die Ströme der Energie und lebensnährenden Einheiten der Sonne sind jene, die für die Bewohnerin und den Bewohner des Planten Erde eine der wichtigsten Lebensquellen darstellen. Unser Dasein verdanken die irdenen Existenzen u.a. ihr. Ohne sie kann man sich keinerlei Leben vorstellen. Diese Sonne hält sich auf ihrer scheinbaren Wanderung jedes Jahr in einem bestimmten Tierkreiszeichen auf. Die zwölf Tierkreiszeichen werden genauso wie die Sternbilder der Ekliptik genannt. Sie sind aber mit ihnen nicht identisch. Die Sternbilder am Himmel sind fest verankert. Weil sie so weit entfernt sind, geht man bei einigen astrologischen Verständnisansätzen davon aus, dass diese Sternbilder keinen wirklichen Einfluss haben können. Mithilfe der Tierkreiszeichen jedoch, bildeten Menschen schon seit Urzeiten eine zeitliche Einteilung in die zwölf Zeichen eines irdischen Jahreszyklus. Dabei half die Intuition und vertiefte Menschenkenntnis, welche nicht in quantitativer Weise messbar ist, sondern für den heutigen Stand der Beweislage „lediglich" qualitativ darlegbar ist. Hier geht man von einem materialistischen Rahmen der Befundführung aus. Bei der Intuition geht man einen Schritt über diese materielle Grenze hinaus und versucht auf das sogenannte Nicht-Sichtbare, aber doch Spür- und Erkennbare zu richten.

Auf den Charakter des Menschen hatten die unterschiedlichen jahreszeitlichen Bewegungen des Jahres unterschiedliche Einflüsse. Eine Person, die im Januar ihre Geburt erlebte, wird in der Tendenz eine andere Grunddynamik aufweisen verglichen mit einer Person, die im April zur Welt kam. Sind die Jahreszeiten jedoch kräftig genug, um eine Persönlichkeit im Grunde zu „beeinflussen"? Öffnen wir uns an dieser Stelle für die Symmetrie der Mechanismen und Gesetzmässigkeiten jenseits unserer materialistischen Wahrnehmung.

Als Grundastrologien für die vorliegende Typologienbestimmung der unterschiedlichen Menschen wurden unzählige unterschiedliche Richtungen der Astrologie zu Rate gezogen und studiert: indianische, vedische, chinesische, balinesische, burmesische, keltische, ägyptische und abendländische.

Nicht betrachtet wurden die Omen-Astrologie des babylonischen Sternkultus aus dem Osten stammend, die primitive Tierkreisastrologie des Mithrakults, Zervanismus, Orphismus, die Astrologie Zoroastrismus und die Himmelsreise der Seele, Achämeniden des persischen Weltreiches, präkolumbianische,

griechische, chaldäische, sassanidische, hellenistische, islamische, jüdische Astrologie sowie Kabalakunde. Eines scheint jedoch beim Überfliegen der einen oder anderen astrologischen Kultur fest. Sie gleichen entweder dem vedischen oder dem abendländischen Grundmuster.

## 1.3 Vedische und abendländische Astrologie als Basis

Die für die Basis gebrauchten Sternzeicheneinteilungen sind jene, die sich nach der vedischen Tradition richten und eingeteilt sind, und die anderen gleichen der abendländischen. In diesem hier vorgefundenen Fall ist das burmesische, das auf dem vedischen System aufbaut und die anderen, das chinesische inklusive, ist im Grundsatz dem abendländischen gleich. Sie unterscheiden sich zum **heutigen** Zeitpunkt um 23,5 Grad auf dem Tier-Kreis. Sie waren einmal gleich, mit einer Abweichung von 0 Grad. Die abendländische Weise richtet sich nach Tropik und die vedische Art ist nach dem siderischen System gerichtet. Die beiden Rotationen sind jedoch nicht unabhängig, beide beeinflussen das Gefühl, das Handeln, das Denken und auch unsere erotischen Neigungen. Wie es dazu kommt und inwieweit die beiden harmonieren, werden wir später im Text erfahren.

## 1.4 Speziell Wissenswertes aus anderen Astro-Kulturen – Sonne, Mond und Sterne, die mögen wir so gerne

Dieser kürzere Abschnitt dient zum Verständnis des astrologischen Spektrums und von einzelnen Teilen astrologischer Errungenschaften. Es wird hier auf unterschiedliche Regelmässigkeiten hingewiesen, ich lerne hier also von anderen Systemen für eine Gesamtschau des Bildes der Astrologie.

### Sonne: keltisches und abendländisches System im Vergleich

Das keltische System bildet ein Zeichen mit dem

gegenüberliegenden Zeichen der gegenüberliegenden Woche. Dabei spricht man von Bäumen. Dieses System korrespondiert ebenso mit unserem Horoskopsystem: Sagen wir, der Krebs in der ersten Juli-Woche entspricht dem Steinbock der gegenüberliegenden Seite. Beides sind die Koloraturen einer Farbe. Die eine davon ist heller und die andere dunkler. Würde man es mit „warm" oder „kalt" bezeichnen, so ist das eine wärmer und das andere kälter, wobei der eine das vom Gegenüber im Verlaufe der Zeit integriert und umgekehrt. Meinen Beobachtungen zu Folge, verhalten sich Menschen gegenüberliegender Zeichen sehr ähnlich, die Intensität ist jedoch eine andere. Das gilt dann genauso für Menschen, die auf der südlichen Halbkugel aufgewachsen sind. Hier beobachtete ich, dass sich z.B. die im Zeichen der Jungfrau Geborenen wie Menschen aus der nördlichen Halbkugel verhielten, die im Zeichen der Fische geboren worden waren. Das keltische System entspricht also in den Grundzügen dem abendländischen und umgekehrt.

**Aszendent: Chinesische und abendländische Astrologie im Vergleich**

Die Grobstruktur der chinesischen Astrologie entspricht der abendländischen Jupiterlaufbahn. Die Feinstruktur der chinesischen Erkenntnisse entspricht teilweise den abendländischen. Genauso wie es im abendländischen System gehandhabt wird, werden die Zeichen nach der Geburtsstunde bestimmt. Ein Büffel im 12-Jahresrhythmus der Jupiterlaufbahn wird einerseits bestimmt und ebenso die Geburtsstunde für den Aszendenten des abendländischen Horoskopes und der Büffeltypus für das chinesische System.

Unterschiedliche Astrologieschulen des Abendlandes setzen ganz auf die Aszendentenrhythmik und -harmonie der Rotationen und der Schwingungen. Sie befassen sich sehr intensiv mit ihr für die Bestimmung der verschiedenen Menschen und das Harmonieren von Menschen in Beziehungen. Die Häuserwellen werden betont besprochen.

Der Aszendent ist der Punkt am Ost-Horizont, der den Tierkreis scheidet. Dieser wird also als Ausgangspunkt für die Interpretation eines Charakters benützt.

**Der Sonnenaspekt: vedischer und abendländischer im Vergleich**

Für den Astrologen H.N. Naylor war die sogenannte Sonnenstandastrologie von grösserer Bedeutung. Diese Art der Astrologie wird heute noch betrieben. Hier betrachtet man ausschliesslich den Stand der Sonne. Der Tag, an dem eine Person geboren wurde, dient dann als Grundlage zur Bestimmung des Tierkreises und zur Typenbeschreibung mit bestimmten Attributen. Dies ist ein wichtiger Hinweis für die Typologie eines Menschen, doch sind z.B. der Mond, der Merkur, die Venus, der Mars und all die weiteren Faktoren, die man im Verlaufe der Astrologiegeschichte entdeckte, ebenso wichtig. Diese unterschiedlichen Faktoren kombiniert ergeben dann das Horoskop eines Menschen. Der Aszendent in unserem System ist also ebenso wichtig wie die Zweistunden-Einteilung des chinesischen Systems – sie korrespondieren, sogar im Beschrieb der Attribute der Zeichen. Wir machen hier also einen Denkspagat. Wir kombinieren die unterschiedlichen Komponenten oder auch Faktoren, die einzelnen Bausteine der DNA und dies ergibt einen eigenen statischen und dynamischen Charakter oder eine Form, eine In-formation, eine Spur des Menschen über seine Gefühle, sein Handeln, sein Denken und seine erotischen Vorlieben.

Dieses System von Faktoren informiert also über Tendenzen bestimmter Talente, Anlagen, Fähigkeiten und Grunddynamiken. Diese Grund-DNA sagt jedoch nichts darüber aus, was der Einzelne oder die Einzelne daraus macht. Braucht er oder sie oder es diese, um sich im Dienste der anderen für eine Steigerung, ein Intensivieren, ein Konzentrieren in positive Bewusstseins-Sphären zu verwenden, hin zum Liebes-Licht, oder um damit

Schaden anzurichten?

Die Gene sind als Bausteine für ein Wesen gedacht, welche den grob- und feinstofflichen Bereich betrifft, doch sind sie nicht alleine für die unterschiedlichen Verhaltensmuster verantwortlich. Jedes Individuum verfügt über einen eigenen freien Handlungs- und Spielraum, den es selber gestaltet, als Teil eines grösseren Hingabe-, Handlungs- und Wissens-Geflechtes einer liebenden Macht, das Freude und Liebe generiert. Mit ihrer Aktivierung, mit dem Öffnen der eigenen menschlichen Tore, ist das Lebendige, Freudige, Liebende und ebenso das Gesundheitsfördernde erfahrbar. Für mich und den anderen, die andere und die anderen.

Genauso verhält es sich mit den Grundbausteinen des Lebenslaufes dieses Lebens, davor, danach, parallel in anderen Welten im Okkulten - für uns im Verborgenen – und jenseits. Die Erziehung, die Geschichte, die Umwelt, das Karma, der Willen eines Menschen werden ihn formen und ihm, dem Menschen, besondere Kenntnisse, Fertigkeiten und Fähigkeiten mit auf den Weg geben. Die Grundbausteine können also je nach Situation für etwas Positives oder Negatives verwendet werden. Die Verantwortung für sich selber liegt sowieso bei jedem und jeder selbst und das Vertrauen auf das Gute ist wesentlich. Bestimmte Gaben, die man als Grundpaket mit auf den irdischen, menschlichen und interplanetaren Weg erhalten hat, dienen in den einen Situationen besser als in anderen. Der nüchterne Lehrer- und Lehrerinnentypus des typischen Wassermannes und Löwen, mag in Situationen, in denen koordiniert und emotionsneutral, nüchtern Entscheidungen getroffen werden müssen von Vorteil sein. Doch wenn jemand mit seiner Trauer um einen Verstorbenen oder eine Verstorbene konfrontiert wird, braucht es eine fühlende, hingebende Empathie. Da eignet sich ein Zeichen des Wassers oder einzelne Besetzungen des Horoskops mit einem der drei Wasserzeichen besser: Fische, Krebs, Skorpion. Will man konkrete Schritte, für den Bau von bestimmten Strukturen wie ein Haus oder eine Brücke organisieren, braucht es den emsigen

Bauwillen eines Erdzeichens. Es schafft Ordnung und Struktur. Im abendländischen System betont man also den Aspekt der Sonne und den des Aszendenten. Geht man in die Tiefe wird der Mond ebenso wichtig. Es wird gesagt, dass der Mond in der Horoskopanwendung der wichtigste Aspekt ist. Dieser Aspekt ist im Abendland ebenso wichtig, der Bereich der Emotionen. Oft korrespondiert z.b. der Mondaspekt der Männer mit dem Aspekt der Sonne der Frauen.

Ein Mond-Mann im Krebszeichen z.b. fühlt sich wie magisch angezogen von den Sonne-Frauen im Krebszeichen. Männlich gepolte Frauen mit der Sonne, der Venus oder Mars (den weiblichen Zeichen) und dann noch den Mond im männlichen Zeichen gesellen sich gerne mit Männern, deren Sonne in einem weiblichen Zeichen steht. Z.B. Eine Wassermann-Dame mit Mond im Krebszeichen wird sich bei einem Krebs-Mann ungewöhnlich wohl fühlen und ihre etwas zu kurz gekommenen weiblichen Seiten bei und mit diesem Mann ausleben können. Das Gleiche gilt für den Mann im Wassermannzeichen, mit dem Mond im Krebszeichen, der wird besonders seinen Krebs-Mond an der Sonnenseite einer Krebs-Frau manifestiert sehen und wirklich mit ihr erleben können. In sich wirken solche Kombinationen eher skurril, da ein typischer Wassermann eher auf immer und ewig das Unabhängige lebt und sucht, hat, bei Mond im Krebszeichen, erst Ruhe, wenn er sich seiner emotionalen Sicherheiten und Gefühlslage sicher ist, wenn er das bei einem wohligen Zusammensein, beim Verschmelzenden einer Krebs-Frau erleben kann, was ganz atypisch ist. Es kann aber auch die Frau eines anderen Wasserzeichens sein, so z.B. Sonne im Fische- oder Skorpionzeichen.

**Mond: vedische und abendländische Astrologie im Vergleich**
Ein Aspekt, der für das Vedische und Abendländische bedeutsam ist, ist also der Mond. In der vedischen Astrologie, so heisst es, daraus abgeleitet auch die burmesische Astrologiestruktur, orientieren sich Sterndeuter und Sterndeuterinnen bei der

Interpretation eher auf den Stand des Mondes der Beziehungspartner oder der Horoskopträgerinnen und -träger. Nichtsdestotrotz, auch in der abendländischen Kultur wird der Mond als etwas Elementares begriffen.

Eine Beobachtung unterschiedlicher Sterndeuterinnen und Sterndeuter dazu, das soll an dieser Stelle noch erwähnt werden, ist das besondere Harmonieren z.B. wie eben oben berichtet, von Mond und Sonnenstellungen zweier Menschen und ebenso das astrologische Milieu, in dem ein Mensch aufwuchs. Der Mond eines Mannes kann sich oft nach der Sonne der Frau richten. Der typische Mann lebt seine Emotionalität am ehesten über die Inszenierung der Frau aus. So lebt z.B. der Mann-Mond im Krebszeichen seine Emotionen und findet seine emotionale Geborgenheit bei einer Frau, die das Sonnenzeichen im selben Zeichen hat, hier in dem Fall im Zeichen des Krebses. Das Milieu kann ebenso mitbestimmend sein.

Wird jemand in einem Milieu gross, wo ihn eher zeichenfremde Menschen erziehen und bilden (Eltern oder andere Bezugspersonen in der Kindheit), wird die oder der betreffende mit den Eigenheiten umgehen können, und dementsprechend sich in ähnlichen Lagen wieder zurechtfinden und sie sogar aussuchen wollen, weil er oder sie in seiner oder ihrer frühsten Kindheit damit Erfolg hatte. Lösungsstrategien wurden für die täglichen Herausforderungen gefunden.

Ein Beispiel: So findet sich ein im Krebszeichen geborenes Kind mit im Wassermann geborenen Geschwistern oder Eltern wieder bei einem Partner oder Freunden im gleichen Zeichen. Obschon dies als eine eher neutrale, uninteressante bis schrille Kombination gilt, fanden sich die betreffenden Menschen in Situationen wieder, die genau dieselben Krebs- und Wassermann-Konstellationen aufwiesen, wie damals in der Familie. D.h. Es wurden Bewältigungsstrategien gefunden, wie mit besonderen

Begebenheiten umzugehen ist, besondere Coping-Strategien wurden erarbeitet.

Der Mond, so wird von unterschiedlichen Astrologinnen und Astrologen der vedischen Kultur berichtet, sei einer der wichtigsten Faktoren. Also müsste man die Monde z.B. von Partnern betrachten, bei der Harmonie von zwei Menschen in einer Beziehung.

Meines Erachtens sind alle Positionen wichtig. Ich lege hier den Fokus auf den Aspekt der Sonne der abendländischen und vedischen Astrologie, damit die einfache Struktur der Harmonie von abendländischer und vedischer Struktur, d.h. Oberflächenstruktur und Tiefenstruktur, verstanden werden kann. Die anderen Aspekte wie Mond, Merkur, Venus, Mars, Saturn, Jupiter usw. können entsprechend den offenbarten, bekannten Wissensbeständen der Astrologie hergeleitet werden.

**Aspekt der Sonne: Geschlechtsspezifische Überlegungen, weiteres Vorwissen in der Astrologie generieren, verstehen über Opposit-Position**
Die Astrologen und Astrologinnen in den unterschiedlichsten Kulturkreisen und Zeiten haben unterschiedliche Regelmässigkeiten entdeckt. So z.B.:
Der „Vordere" (auf dem Tierkreis z.B.) lehrt und beschützt den „Folgenden" - das entspricht dem klassischen Bild und dem Selbstverständnis verschiedener Männer. Das passt, wenn der Mann auf dem Tierkreis tatsächlich diese Position inne hat. Von seiner Position aus rückwärts bis zum nächsten Oppositzeichen, dann wird er zum Lernenden. Der Mann will leiten, lehren und beschützen, weshalb es dann manchmal zu skurrilen Kombinationen kommen kann, wenn die Frau das Zeichen des Vorderen und Beschützenden hat. Z.B. wenn sie im Zeichen des Wassermannes geboren ist und er im Zeichen des Steinbocks. Das ist dann genauso bis zum Zeichen des Löwen, dann dreht es

wieder. Die oben erwähnte skurrile Kombination, wo die Frau leitet, beschützt usw. sollte aber im Zeitalter der Gleichberechtigung kein Problem mehr darstellen. Aber es kann trotzdem eine Beziehungs-Falle darstellen, da viele Menschen, Männer und Frauen, immer noch ganz in den alten Mustern denken, fühlen und handeln. Das hormonelle Milieu der Biologie drängt sie zu gewissen Verhaltens- und Fühlmustern. Das Ganze wird dann durch die homoerotischen Beziehungen auf den Kopf gestellt. Mann und Mann gesellen sich, Frau und Frau. Oder die Kombination von Dreier- oder gar Vierverbindungen, die gemischtgeschlechtlich in Erscheinung treten. Hier empfiehlt es sich, die Position von Venus und Mars genauer zu betrachten. Der Mann hat mit einer Venus oder auch einem Mars in einem weiblichen Zeichen dann eher die Rolle einer klassischen Frau (hingebend, aufopfernd, dienend, liebend, angleichend, verbindend, vorsichtig) – bei der Frau, die Mars oder Venus in einem männlichen Zeichen hat, da wird eher die Rolle eines Mannes gelebt (initiativ, dominant, unabhängig, lehrend, kreativ, unbändig, riskant).

Das eben Erklärte kann man mit jedem Zeichen so durchführen und beobachten bis zum Oppositzeichen, dem im Tierkreis gegenüberliegenden Zeichen, wie zu Beginn des Unterkapitels erwähnt. Das bringt uns hier zu einem weiteren Phänomen: Ein Zeichenträger oder eine Zeichenträgerin entwickelt sich im Verlauf der Zeit in Richtung Oppositzeichen. Der Krebs zum Steinbock und die Jungfrau zum Fischezeichen. Diese Zeichenkombinationen ergänzen einander. Das kann in Zweierverbindungen so sein aber auch innerhalb einer Person zum Ausdruck kommen. Der Sonnen-Aspekt der Jungfrau z.B. wird ergänzt und entwickelt über den Mondaspekt-Aspekt des Fischezeichens.

## 1.5 Was vermag die Astrologie, was die Wissenschaften – zur Natur, zum Geist und zur Seele auszusagen? Was ist eine Beziehung?

Ich stelle Folgendes in den Raum: Beziehungen funktionieren in erster Linie, weil man einander dient – funktionierende Partnerschaften sind Dien-Relationen, jedoch mit der besonderen Aufgabe zu sehen und zu verstehen, dass der Mann oder die Frau oder der oder die Bisexuelle eigene Kommunikationsmuster aufweist mit der eigenen Bedürfnislage. So stellt sich auch die Frage: Ab wann ist Frau Frau und der Mann Mann? Sind wir Bisexuelle?

Sollen meiner Beobachtung nach zwei Menschen oder mehr miteinander glücklich werden, braucht es nicht ein blosses Passen der Horoskopbausteine, sondern die Bemühung und das Bestreben, einander gegenseitig für ein Liebeswachstum zu dienen, ohne grundsätzlich wirkliche Frucht (Profit, Nutzen für sich) oder einen Gewinn zu erwarten. Ein Vertrauen in eine fliessende, allumfassende Liebesmacht, die einem in den richtigen, passenden Situationen die richtigen Lern- und Lehrmomente schenkt, damit man daran wachsen kann. So gestaltet sich das Zusammensein, sobald man dem einen oder anderen dient, damit er oder sie und man selber weitere Schritte im Leben und im Spirituellen gehen kann. Nicht immer ist das menschliche Zusammensein von Verzicht auf die Frucht geprägt. Das macht die Beziehungen etwas komplizierter. Jeder und jede hat seine Bedürfnisse, Bedarf und Wünsche, z.B. nach Blümchensex oder Ähnlichem, die er oder sie gestillt haben will, erlebte Zeit miteinander bei gemeinsamen Unternehmungen, Essen, Schlafen, Trinken einfach nur innige, lange „Knuddeleinheiten". Also eine gemeinsame Basis ist auch die Erfüllung von Grundbedürfnissen und anderen Wünschen. Man erlebt und verbringt Zeit beim Zusammenleben verschiedener Menschen und Lebensgemeinschaften, und es ist nötig, sich für die anderen und für sich einzusetzen, also für das

Zusammentragen von Nahrung und sonstigen Notwendigkeiten schöner, genussvoller, entzückender, freudvoller, exorbitant sinnlicher, spiritueller und gediegener Art, wie z.B. musizieren, singen, reden, Auto fahren, Nickerchen machen, spazieren, ausruhen, ein Sonnenbad nehmen, Natur betrachten, Sinnlichkeit, Shakti erleben, austauschen usw. Die Freude herrscht – mit dem Warngedanken – nicht nur an sich, sondern dabei ebenso an andere zu denken, da wir ein Teil der gleichen Gemeinschaft sind und voneinander abhängen. Die Seelen können bei ihrem Besuch auf der Erde eine besondere Stätte der Lehre und des Lehrens finden. Also, wie kann die Astrologie oder die „Wissenschaft" der Astrologie helfen?

Die Astrologie kann durchaus Menschen sensibilisieren, für Situationen, wo Menschen einander besonders begegnen können, wo sich eher eine laue, milde, anschmiegsame bis neutrale Entwicklung abzeichnet oder wo eine Reibung oder Temperamentausbrüche entstehen. So wird es dem Luftigen, wie ein Vogel, nicht weit und unabhängig genug sein können, dem Feurigen, wie eine Raubkatze, nicht genug Möglichkeiten des Gefechtes und des Charmes geben, dem Erdigen, wie ein Bär kann es nicht genug konkret und geplant sein und auf dem Boden der Realität gebaut werden, dem Wässrigen, wie feine Meeressäuger z.B. Delfine, nicht genug wohlig-gefühls-betont, sensibel, aufopfernd, weich und gefühlsstandhaft sein.

Die Begriffe „lau", „neutral" und „Reibung", „Temperamentausbrüche" sind in sich eigentlich „werteneutral". Je nach Situation erscheint die eine Eigenschaft eher als Vorteil oder eben als Nachteil. Sie dient oder hindert jemanden daran, in bestimmten Konstellationen, das eine oder andere zu erzielen.

Auf jeden Fall braucht es eine grosse Portion an Toleranz, Verständnis, Geduld und eine neutrale diplomatische Abgrenzung für das Annehmen der eigenen Konturen, Formen und Eigenheiten und dann ebenso für die des anderen, des Gegenüber oder des Partners: das Verständnis dem anderen die eigene Sprache, Empfindungen und Vorgehensweisen zu übermitteln und die des anderen zu verstehen und das Artikulieren und Verbalisieren fördern. Leben – und leben lassen. Jedem Tierchen sein Pläsierchen.

Interessanterweise sind dann ebenso männliche und weibliche Kommunikationstypen unterscheidbar. So sieht und denkt ein Mann, tendenziell in Ecken, Schachteln, in Abgrenzung, in Regeln, in Quantitäten, steilen Hierarchien und Leitplanken, testosterongesteuert, durch Biogeschichte und Hormonentwicklung der Spezies Homo Sapiens Sapiens. Bei der Frau, tendenziell in Kreisen, Netzen, Rundungen, ein Fliessen, in Ausnahmen, in Qualitäten, flachen Hierarchien in Vereinigung, östrogenbedingt, durch Biogeschichte und Hormonentwicklung der Spezies Homo Sapiens Sapiens. Die Transsexuellen und Bisexuellen sind ebenso eher männlicher oder eher weiblicher Natur. Mischformen kommen bei Heterosexuellen sowie Bi- und Transsexuellen vor. Das habe ich so beobachtet. Spannend wird es dann, die verschiedenen Vorzeichen vom Männlichen (Feuer- und Luft-Zeichen) und Weiblichen (Wasser- und Erd-Zeichen) im Horoskopmuster zu erkennen und im richtigen Leben, in der Konsequenz, im abendländischen und vedischen Empfinden und Denken, im Geflecht miteinander. Der Komplexitätsgrad nimmt da zu. Deswegen betrachte ich hier „nur" den Aspekt der Sonne.

## 1. 6 Astrologie immer noch ein Hype?

Warum ist die Astrologie so beliebt?

Nirgends auf der Welt wird zwischen den Wissenschaften und der Religion oder esoterischen Wissensinhalten dermassen getrennt, wie im Abendland. Die Welt wird jedoch in anderen gegenwärtigen, vergangenen und vermutliche auch zukünftigen Kulturen in ganzheitlicher Weise beschrieben: Feste, beweglich-dynamische Ebenen, sichtbare, spürbare Räume und Dimensionen, gasförmige, verdichtete Wirklichkeiten, Unsichtbares in Visionen, Phantasien oder Träumen fassbares, durch Intuition verständlich. Die klassische Herangehensweise, auf Materiellem, Handfestem basierten Wissenschaften erklären, wie die Dinge funktionieren, wie ein Etwas beschaffen ist, welches seine für uns im Moment mit unseren zeitgenössischen Messinstrumenten messbaren Merkmale zur Schau stellt, in Erscheinung tritt. Oftmals wird rigoros zwischen Messbarem und Unmessbarem getrennt, dass das sogenannt „Beseelte" einfach ausser Acht gelassen wird.

Ich biete hier jetzt einige Denkhilfen für den Denkspagat: Lange vermutete man, dass die Erde rund ist, bis jemand die geeigneten Messinstrumente fand, um zu „beweisen", dass die Erde rund ist. Mit der Erkenntnis der runden Ballform, kam das bewusste Sehen unterschiedlicher Ballformen in der Natur, im Detail des Atoms und im Grossen des Planeten im All. Eine Netzstruktur im Hirn könnte die gleiche Netzstruktur in der Aussenwelt der schwarzen Löcher-Struktur im All sein. Nicht mehr lange und wir werden vermuten, dass es vielleicht noch eine andere Form als rund, dreieckig oder rechteckig gibt. Wir werden vielleicht eines Tages feststellen, dass unsere Erde gar nicht rund ist, sondern ein sich bewegender Torus – wir meinen etwas Ballförmiges wahrzunehmen. Doch in einer neueren „Realität" wird das vielleicht nicht mehr eine runde Erde sein, sondern eine andere torusförmige. Das Netz ist vielleicht gar kein wirrer Kabelsalat, sondern besteht vielleicht aus präzisen Hologrammen? Es stellte sich damals wie heute die Frage, wann hört der Glaube auf und wo fängt die Naturwissenschaft mit „realen" Belegen an, eine für uns greifbare oder messbare „Realität" zu werden, die wir innerhalb unseres Wahrnehmungskreises und unserer Bezugssysteme sehen und verstehen? Als die Erde noch eine Scheibe war und die Sonne um die Erde kreiste, waren wir noch nicht reif genug für bestimmte Wahrnehmungen und das Verstehen und Einordnen bestimmter Wahrnehmungen. Hier beginnt der Übergang zwischen dem Glauben und der Intuition, die wir z.B. von Albert Einstein kennen: Selbst hartgesottene Wissenschaftler und Wissenschaftlerinnen müssen zugeben, dass selbst sie in ultima Ratio an ihre Entdeckungen glauben müssen,

einst intuitiv nach etwas griffen, von dem sie glaubten, es könnte etwas sein, was für die Menschen wichtig sein könnte. Die Erkenntnisse alleine nützen ihm oder ihr, wenn wir z.B. von Frau Marie Curie sprechen, nichts, da sie für den Beweis eigentlich wieder einen Beweis finden müssten und dies in keinem Fall schaffen werden – ihr, unser, Verstehen der Welt beruht auf dem Verstehen durch den Verstand. Wie will man mit dem Verstand etwas verstehen, wenn er sich selbst nicht einmal versteht? (vgl. dazu Pyrrhonische Skepsis zur Findung der Seelenruhe und Tropen-Diskussion, ganz nach dem Vorbild der Gnostiker und Gnostikerinnen der vedischen Kulturkreise). Im grossartigen, wissenschaftlichen und höchst zu respektierendem Falle von Marie Curie konnte etwas Nützliches, für den Menschen brauchbares gefunden und weiter verwendet werden.

## *1.7 Wissenschaften mit unterschiedlichen Vorzeichen*

### *– eine Frage der Kommunikation, des In-Formations-Kanals, der In-Formations-Wahrnehmung und der In-Formations-Verarbeitung*

### *– Methoden, Vorgehensweisen, unterschiedliche Zugänge sind attraktiv und relevant*

„Du glaubst nur, was du sehen kannst. Oder siehst du nur das, woran du glaubst?" Die Astrologie misst ebenso wie die Astronomie. Sie bringt jedoch sogenannt auf Materiellem, Handfestem und sogenannt Messbarem und erneut Wiederholbarem aufbauende Wissenschaften mit den psychologischen, intuitiven auf Empathie und Einfühlungsvermögen beruhenden Wissenschaften zusammen und vermählt diese. Bei beiden muss man daran glauben, dass es etwas ist. Eine Erdanziehung über einen Gegenstand kann immer wieder gemessen werden. Wir erleben das so. Ein psychologisches Konstrukt und und dann ein Artefakt. Wissen wir aber dann mit Bestimmtheit, dass das wirklich die Erde ist, die diese Erdanziehung verursacht. Oder ist da noch eine andere Kraft, von der wir nichts wissen, weil wir sie nicht oder noch nicht sehen?

Wir machen den Denkspagat, wir vereinen die unterschiedlichen Möglichkeiten, selbst wenn wir meinen, dass da ein Widerspruch herrscht. Wir integrieren die Möglichkeiten und erkennen so ein für uns Menschen vollständigeres Bild. Die Astrologie berechnet Winkel, erkennt Formen und Regelmässigkeiten, leitet komplexe Sachverhalte aus Symbolen her. So wie man z.B. die Geometrie benutzt für die Beschreibung und Berechnung von physikalischen Phänomenen. Von den unterschiedlichen Seelenforschungsfelder unterschiedlicher Kulturen sowie das Vorstellungsvermögen für bestimmte Sachverhalte hat die Astrologie eine besondere Aufgabe. Einzelnen Menschen kann sie über ihr Leben eine Grundstruktur im Lichte der Ewigkeit aufzeigen, eine Matrix, ein Hologramm.

Selbst wenn Kritikerinnen und Kritiker anmerken, es handle sich um Spekulationen, um nichts Handfestes, muss zugegeben werden, dass nicht nur was handfest ist, wirklich ist. Der Mensch sucht letztendlich genauso, wie er auf Fragen handfeste Antworten sucht, spirituelle, mystisch-mythische, über den Alltag hinausgehende Antworten. Das können die durch und durch rationalen Wissenschaften niemals bieten. Wir wagen also die Spekulation, welche vor jedem wissenschaftlichen Schritt kam, damit die Grenze des Wissens abgetastet werden konnte, diese überwunden und erweitert. Wagen wir also die Spontanphantasie für das Jenseitige unseres Horizontes.

## *1.8 Wie sprechen wir miteinander? Wie können Beziehungen und Kommunikation gestaltet werden?*

Hier einige Beispiele:
- „Hej Du, schiess mir mal das Buch oder den Löffel rüber"
- „Sakrament noch einmal, hast Du das Zähneputzen schon wieder vergessen?"
- „Sag mal, was fällt Dir eigentlich ein, mir auf meinen Fuss zu treten."
- ...oder es wird einfach nur geschwiegen und sich reingefressen – nicht erkannt und im falschen Moment aggressiv geäussert...

Oder nach dem Motto: Sag es mit einer Blume durch die Blume – diesen Käse, diesen Schmarren hättest Du für Dich behalten können. Oder eben einfach royal – königlich-kaschiert: Das ist aber ein „Chabichou du Poitou" (ein extrem edler und vornehmer Ziegen-Käse). Wir gestalten das Gesagte um in positive Frage-Affirmationen, da wir eine andere Person mit unserer Aussage nicht verletzten wollen, sondern ihr in Liebe dienen:
-"Wärst Du so lieb, könntest Du mir das Buch reichen oder den Löffel. Das ist lieb, dass Du mir dabei hilfst. Danke Dir."
-"Ich müsste unbedingt wieder einmal die Zähne putzen, hast Du einen Tipp, wie das am besten geht, hast Du eine bestimmte Paste, die Du brauchst? Ich brauche z.B. mit Calendula, darf ich Dir meine leihen?"

Man versucht zu erkennen, was einen verletzte oder was einen bedrückt, findet die Worte und schreibt es dem anderen oder der anderen, wenn man die persönliche Begegnung fürchtet

Grundkenntnisse der Kommunikation sind für das Zussammensein hilfreich. So entstanden unterschiedliche Modelle zur Analyse und dem Verstehen von Sprache, Kommunikation und Botschaften. Modelle sind jene nach Berne mit dem Transaktionsmodell (Aussage auf der Ebene von Eltern, von

Partner oder von Kindern), Schulz von Thun mit dem Vier-Ohren-Modell (Beziehungs-, Sach-, Appell-, Selbstebene), Marshall Rosenberg mit der gewaltlosen Kommunikation (Beobachtung, Bedürfnis, Wunsch und Bitte unterscheiden), Johann Galtung (Kommunikation als Mediation zwischen Bedürfnis-, Kultur-, Ziel- oder Lösungsmuster), Sieben-Chakren-Kommunikation nach Anna-Helena Iennaco (in Radiosendungen vorgetragen und adaptiert aus den vedischen Schriften für die abendländische Kultur, das eine Chakra bringt das, was es leben oder kommunizieren will über sich selber, oder über ein anderes Chakra zum Ausdruck). Gedankenübertragung, quantenkommunikativ, zur Gestaltung von Lebenssituationen und der Gesundheit. Professor Dr. Stelter meint: „Zusammenfassend lässt sich sagen, dass alles auf die Tatsache einer noch so gut wie ungenutzten und vor allem völlig unbekannten Verbindung der ganzen lebenden Materie untereinander hindeutete und auf das Vorhandensein einer wissenschaftlich noch nicht erfassten informationsüberragenden Energie" (Stelter Alfred, Psy-Heilung, S. 48, München, ohne Jahr). Er sagt weiter von den Untersuchungen von Frau Dr. Shafica Karagulla, die sich mit den Reichenbach'schen Experimenten befasste (Reichenbach, Chemiker, hat zwischen 1788-1869 gelebt, mass die vom Menschen ausgehenden Strahlen, gelbliche und bläuliche gesund, rote krank) und mit sogenannten Sensitiven, welche einen Energiekörper wahrnehmen, als Lichtblitze und Lichtstrahlen für sensitive Menschen stark wahrnehmbar. Unterschiedliche Wissenschafter und Wissenschafterinnen der Parapsychologie, Paraphysik und Paraphilosophie aus der damaligen Sowjetunion und Tschechoslowakei berichten Ähnliches. Das Pflanzenexperiment an der McGill-Universität in Montreal von einem Biochemiker, Professor für Physiologie und Mathematiker, berichtet von Kurt Allgeier, spricht eine eigene eindrückliche Sprache: Pflanzen, die von HeilerInnen behandeltes Wasser erhielten, wuchsen nach sieben Tagen entschieden grösser und kräftiger als die anderen Kontrollpflanzen.

Plasma, der vierte Aggregatzustand, ist nur unter bestimmten Bedingungen erkennbar, Materie beginnt sich noch weiter aufzulösen. Was da übermittelt werden kann ist eine eigene Wissenschaft für sich. Die Kommunikationsversuche von dem japanischen Wissenschaflter Dr. Hiroshi Motoyama sind für Yogis, Frauen und Männer, die sich mit den paranormalen Kommunikationsmitteln verständigen sehr eindrücklich, Prof. Stelter dazu über die Experimente von Motoyama: „Sobald begabte Sender sich auf den Empfänger konzentrierten, traten im Allgemeinen signifikante, manchmal sogar sehr starke Veränderungen in den Messwerten der körperlichen Funktionen des Empfängers auf, so zum Beispiel Atemrhythmus, der erst wieder normal wurde, als der Sender seine Konzentration beendet hatte. Ferner wurde eine Erregung des Sympathikus beim Empfänger festgestellt, die zwanzig bis dreissig Sekunden nach der Konzentration des Senders abklang." Der konzentrierte Gedanke hatte realen Einfluss auf den Körper anderer Menschen und bewirkte eine Veränderung. Bestätigt werden diese Messungen durch die von Dr. Lorenz Chapmann mit einem bekannten englischen Heiler namens Matthew Manning.

Über ein weiteres Pflanzenexperiment mit dem Heilerehepaar Olga und Ambrose Worral und von Dr. H.H. Kleuter vom US-Department of Agriculture und Chemiker Robert N. Miller berichtet Prof. Stelter: „In etwa tausend Kilometer Entfernung konzentrierten sich die Worrals in Baltimore zu einer vereinbarten Zeit auf die Pflanze, und zwar um 21.00 Uhr, wobei sie sich in Gedanken intensives Wachstum bildlich vorstellten. In dieser Stunde setzte eine Wachstumsbeschleunigung von über 800% ein, die mehrere Stunden anhielt." (Stelter Alfred, S.48). Auch andere Heilgruppen verfügten über diese Fähigkeiten, wenn nicht ganz in der massiven Stärke. Also, es handelt sich um die Art der Kommunikation, die mit unseren blossen Kommunikationsmitteln nicht gleich wahrzunehmen sind. Eine eigene „unsichtbare" Kommunikation (Vgl. Auch die Pflanzenexperimente von Emma Kunz,, Würenlos, Schweiz).

Nachrichten, Botschaften können ebenso über Märchen, Sagen oder Mythen übermittelt werden. „Psyche und Eros" aus dem antiken Griechenland, „Oberon und Titania" von Shakespeare oder auch „Comedia dell' Arte" oder auch „Die Göttliche Komödie" können z.B. für die Übermittlung von Wissensinhalten verwendet werden. Christliche Gruppen verstehen Engel als Botschafter oder Menschen, die einem etwas über ihre Erfahrung übermitteln. Der Wissensübermittler oder die Wissensübermittlerin, der Botschafter oder die Botschafterin verwenden unterschiedliche Wege für eine Übertragung. So können die Botschaften vielschichtiger, mehrdeutiger Natur sein. Dies ist durch die Vielschichtigkeit und Mehrdeutigkeit vom Sender oder von der Senderin zu erklären, aber ebenso die des Empfangenden und der Empfangenden.

Die Kommunikationsebenen oder -kanäle mit denen Verständigung möglich wird sind:
- Sache
- Beziehungen, Eltern-Kind-Partner
- Emotion
- Handlung
- Fühlen
- Gebet
- Mediation
- Sexualität
- Antrieb, Trieb
- Bauchgefühl, Intuition
- Herzenssprache – über Frequenzen der Herzchakren, grob- und feinstofflich
- mechanisch übermittelter Ton ohne wirklicher Inhalt
- über Telepathie übermittelte Information, Gedanken
- göttlich, mediale Übermittlung

- Tiersprache
- Pflanzensprache
- Quantenkommunikation (physikalisch)
- Quantenkommunikation übers Quantenfeld (esoterisch)
- Übermittlung über die göttliche Lebenskraft in der christlichen Kultur des Heiligen Geistes, aus der vedischen Kultur Prana oder auch Shakti Pat sowie in der chinesischen Kultur auch Chi, der sogenannte Heilstrom
- entlang von Chakren
- Geschichte
- Astralkörper
- Objektiv (subjektive Objektivität vgl. Dazu Methoden für qualitative und quantitative Forschung)
- Subjektiv (objektive Subjektivität vgl. Dazu Methoden für qualitative und quantitative Forschung)
- über eine „ so gut wie ungenutzten und vor allem völlig unbekannten Verbindung der ganzen lebenden Materie untereinander" und „das Vorhandensein einer wissenschaftlich noch nicht erfassten informationsübertragenden Energie" usw.

Mit diesem Kapitel dürfte klar geworden sein, dass wahrscheinlich mehr hinter der blossen Erscheinung existiert, als wir vermuten. Wir erahnen einiges und bemühen uns, das zu verstehen. Wir erkennen die Dinge über besondere Wahrnehmungswege, so z.B. über den Wissenskanal der Astrologie, der Elemente und der Rotations- und Kugelharmonie von Planeten, Atomen, unsichtbaren Teilchen, Elementen und die über Zeichen übermittelten Gesetzmässigkeiten und Muster.

# 2. Eine kleine interkulturelle Elemente- und

# Zeichenkunde

## *2.1 Unterschiedliche Elemente leiten unsere Gefühle, unser Denken und Handeln – vier Grundtypologien – Astrologie-DNA-Analyse*

Der Tierkreis ist nach vier Elementen aufgebaut: Wasser, Luft, Erde und Feuer.

Ist ein Mensch in einem *Wasser*element geboren, z.B. Fische, Skorpion oder Krebs, so sind für ihn Gefühle, Fantasien von grösserer Relevanz, selbst wenn er das nicht zugibt. Er kann als eine extrem einfühlsame Person charakterisiert werden. Teilweise ist er dermassen einfühlsam, dass er oder sie sich damit selber schaden kann. Der Wassertyp ist eines zum Wesen anderer hin gewandter, verbindlich Bindender, versucht in der gemeinsamen Harmonie in Einklang zu kommen. Die Sexualität wird über eine emotionale Übereinstimmung praktiziert und kann niemals als Selbstzweck benutzt werden. Das Wasserzeichen des Krebses ist das Wasser, das wie ein Tsunami Gefühls- und Materialbahnen bildet. Breit und massig wird im Gefühl gebadet, sei es nun negativ oder positiv. Die Fische-Zeichen sind feine Rinnsale, die in kleinen Bachbetten ihre Wege bahnen, selbst da noch ihre Gefühlswege bahnen, wo man keine Wege mehr vermutet. Der Skorpion führt den Gefühls- und Emotionsweg mit seinem Wasser in die tiefen Abgründe. So tief und stetig, wie man sich keinen Abgrund vorstellen kann. Tiefe im Meer der tiefsten Meeresschichten sind ein typisches Skorpionwasser. Selbst in der Finsternis gedeihen Fische, Krebse und allerlei Wasserbewohner, von denen man nie geahnt hätte, dass sie in solch finsteren Ecken und Winkeln existieren könnten. Das Miteinandersein im Fluss, fast in klettiger Weise, lässt die im Wasserzeichen Geborenen sich wirklich spüren. Das Thema der Abgrenzung kann schnell zu einem Thema werden.

Ist der Mensch im Element der *Luft* zur Welt gekommen, bedeutet das, dass er entweder ein Zwillinge-, Waage- oder Wassermanngeborener oder eine entsprechend Geborene ist. Diese Personen zeichnen sich dadurch aus, dass sie die Freiheit lieben in Gefühlen, Gedanken und im Handeln, flüchtiger und wesensabgewandt agieren, in der Regel geistig sehr beweglich, agil und elastisch sind. Sie lieben geistige Auseinandersetzungen und fühlen sich auf diese Weise mit einem Gegenüber verbunden. Die Erotik kann für einen im Luftzeichen Geborenen fast gänzlich geistig stattfinden. Die körperliche Vereinigung kann dann zu kurz kommen, der Körper nimmt da plötzlich eine zweitrangige Position ein. Die Luftzeichen binden sich ungern, kennen keine Konventionen, lehnen jegliche Form der Prüderie in allen möglichen Gesellschaftsfragen ab. Die Art der Luft der Waage ist jene Luft, die in stiller, unbemerkter Weise andere bewegt, eine Art stiller Tornado, der aber von niemandem gesehen wird, nach Ausgleich suchend. Plötzlich sieht man, dass etwas anders ist. Die Luft der Zwillinge ist eine sehr subtile Luft, die durch Ritzen schleicht, sich in engste Räume schmiegt, wie ein Chamäleon sich den Farben der Situation anpasst. Die Luft der Wassermänner ist eine stete, fixe Wand. Versucht man dagegen zu preschen, bleibt die unsichtbare Wand stehen. Da besteht keine Chance, etwas einzufangen oder zu zertrümmern. Die Wand steht, fast unsichtbar.

Denjenigen, die im Element *Erde* geboren wurden, das sind die Stiere, die Jungfrauen und Steinböcke, sind handfeste Liebesbeweise am liebsten, faktenorientiert steuern sie mit viel Realismus und Emsigkeit ihre Lebensziele an. Der Besitz ist etwas, was den im Erdelement Geborenen Sicherheit verleiht, überhaupt, die Materie ist das einzig wirklich Verlässliche. So ist es die Bindung, das, was real hält und verbindet, von wirklicher Bedeutung. Der Liebesbeweise geht sehr gut und gern über nahrhafte Kost, und so gestaltet sich genauso das Liebesleben. Je konkreter, desto besser. Im Mittelpunkt steht eine tiefe Verbundenheit zum Körperlichen, das, was man mit ihm wirklich finden und empfinden kann ist. Das, was sich für einen im Erdzeichen Geborenen eher schwierig gestaltet, ist, dass sein Realitätssinn pessimistisch wirken kann. Das kann sich auf ihn selber negativ sowie auf seine Mitmenschen negativ auswirken. Sie sind bindend verbindlich im Denken, Fühlen und Handeln und wesenszugewandt. Die Erde wirkt wie ein feiner Sand, bei der Jungfrau, der, wenn man ihn festhalten will, von der Hand rinnt, steht man mit einem Gewicht drauf, bildet sich eine Spur, die einem eine Form gibt und Orientierung, passt sich den Formen der Umgebung blitzartig an. Der Stier ist die Erde, welche nährt, bebaut und bepflanzt wird. Bewässert bringt sie schönste Rosen und wohlriechende Roggenfelder hervor. Das Feld steht still und gedeiht. Der Steinbock ist der zerschmetternde Fels in der Brandung, bricht Eisen, ritzt mit seinen Diamanten andere Materialien.

Diejenigen, die im Element des *Feuers* geboren wurden, sind von eher ungestümem Wesen abgewandtem Charakter, unabhängig von allem, was binden könnte in Denken, Fühlen und Handeln. Hier zählt man den Widder dazu, den Löwen und den Schützen. Dieser ist ein optimistisches Wesen, ist in der Regel begeistert von seiner Bedeutung und der Bewegung, strahlt gerne aus, hält was von sich und seiner Reputation. Er geht über die Realität hinaus, stellt sich dar und wirkt. Kontroverse Diskussionen regen die Feuerzeichen an, eine Dynamik, gemeinsame Unternehmungen prägen die implizite oder auch explizite Wunschliste der Lieblingsaktivitäten. Die Sexualität dient zur Transzendenz und dem Wunsch beim anderen gut anzukommen und eine gute Partie zu gewinnen und eine gute Partie abzugeben. Dass da vor lauter selbst inszenierter Show manchmal die Gefühle auf der Strecke bleiben dürften, wird allen gleich klar. Das Funkeln kann z.B. gerade bei einer Person, die im Feuerzeichen geboren wurde, den Menschen viel Mut geben, die Möglichkeit der Selbstinszenierung wirkt wie eine Anregung. Wenn das im positiven Sinne benutzt wird, sprühen die Funken, es kann Wunder entflammen und nähren. Das Feuer wirkt wie ein Ofen, der Wärme schenkt und etwas von sich gibt, das wäre der Löwe. Das Feuer, das um das Lagerfeuer knallt und Funken sprüht, ist der Schütze. Die Blauglut und die orange-blauen Flammen eines Widders stechen sehr heiss und sind träge, der jedoch stetig mit grösseren Energiemengen Mitmenschen beschenkt, ohne sich selber zu verschenken.

## 2.2 Energiezustände: beweglich, fest und bewegend

Die Elemente werden ihrerseits wieder in unterschiedliche Qualitäten eingeteilt. Wir sprechen von den Qualitäten der Festigkeit, des Beweglichen oder der Qualität des Bewegenden. Diese Qualitäten lassen sich am besten mit einem Bauern oder einer Bäuerin, der/die einen grossen Heuwagen mit Pferden vorne dran steuern muss. Man spricht in dem Zusammenhang auch von *Energiezuständen*.

*Beweglich, angepasst, flexibel bis aufgelöst*: Der Bauer oder die Bäuerin also führt entweder einen Karren mit sich, der klein, wendig ist, der gerade mal soviel mitträgt, wie er wirklich braucht. Er ist geschwind um die Ecke. Dieser Heuproviant reicht aber gerade, just, nicht für eine grosse Viehherde. Sein Vorteil: Er ist schnell, wendig und kann sich schnell den Situationen anpassen, reagiert blitzschnell und wach. Das sind:

FISCHE, ZWILLINGE, JUNGFRAU, SCHÜTZE

*Fix, fest, gerade recht, konzentrisch und beharrlich:* Hier braucht der Bauer oder die Bäuerin einen mittleren Wagen, gefüllt mit Heu, gerade richtig, damit der sicher und unversehrt an sein Ziel gelangt. Der Wagen ist nicht einer, der durch einen Windstoss gleich alles zu Boden bläst, steht fest, wenn ein anderer Wagen ihn rammt. Wirkt etwas unflexibel. Sie bleiben bei der Sache und bringen ihre Arbeit stetig zu Ende, ist fest in der Handlung. Das sind:

SKORPION, WASSERMANN, STIER, LÖWE

*Kardinal, bewegend und massgebend, verschwenderisch*: Diese Sorte der Bauern und der Bäuerinnen führen einen übergrossen Karren mit sich. Er ist mit viel zu viel Material beladen, das seitwärts zu Boden fällt. Andere profitieren davon, das kann ein Vorteil für andere werden und zum Nachteil für die Kardinalzeichen selbst. Doch führt der Wagen viel Stoff mit für die Kühe eines Grossgrundbesitzes. Mit dem Wagen wird durch die Massigkeit der Weg gebahnt. Sein Nachteil ist, dass er sehr träge ist und durch sein Gewicht nicht wendig genug ist, schnell zu reagieren. Das sind:

KREBS, WAAGE, STEINBOCK, WIDDER

**Weibliches oder männliches Zeichen?**
Eine weitere Qualität sind also die Weiblichkeit oder Männlichkeit eines Zeichens. Eine Frau oder ein Mann kann von einem männlichen oder weiblichen Zeichen geführt werden. Eine Waagedame ist zwar eine Frau, biologisch gesehen, wird aber von einem männlichen Zeichen regiert.
Weibliche Zeichen sind diejenigen des Wassers und der Erde und die des Feuers und der Luft sind männliche Zeichen. Feuer ist dabei extra-männlich und Wasser ist extra-weiblich. Das Weibliche und Männliche wird hier besonders betont, verglichen mit der Erde und der Luft.

Die weiblichen Zeichen, können einen Mann feminisieren und die typischen Eigenschaften einer Frau unterstreichen. Die männlichen Zeichen können das Männliche im Mann betonen oder die Frau bis zu einem gewissen Grad virilisieren. Je nachdem, wo das männliche oder weibliche Zeichen sonst noch aufzufinden sind.

Mond, Merkur, Venus, Mars, Jupiter etc. können von einem männlichen oder weiblichen Zeichen besetzt sein und dementsprechend für eine weibliche oder männliche oder besonders weibliche und besonders männliche Note sorgen. Z.B. Feuer in/im Mars bei Frauen, was sie etwas männlich wirken lässt und Wasser in Venus bei Männern, was sie etwas weiblich wirken lässt. Merkur bestimmt die Kommunikation – so wird bei Merkur mit seiner Männlichbesetzung und dies sprachliche Angehensweisen eher männlich wirken und mit seiner Weiblichbesetzung eher weiblich.

## 2.3 Die Typologien der Reihe nach auf dem Tierkreis - in Naturbildern erläutert: abendländisch/vedisch

**Widder (21.3-20.4/vedisch 28.2-27.3):**
Dieser fühlt, handelt und denkt in grossen Auseinandersetzungen und Kämpfen, er keimt auf im Frühling. Er besiegt den Winter gänzlich. Die Knospen spriessen mit dieser Wärme und Hitze, diese Sorte der Wärme lässt alles spriessen, alle erwachen. Er bricht auf zu neuen Ufern, er weiss sehr optimistisch, dass er gewinnen wird.

**Stier (21.4-21.5/vedisch 28.3-28.4):**
Auf der Wiese und auf dem Felde duften unterschiedliche Pflanzen, das Leben nimmt stetig seinen Lauf. Die Wiesen blühen und die Kühe fressen ihren Proviant. Das stetige, ruhende Arbeitsame bringt die Ernte im Herbst herbei. Dazu braucht es einen steten, unflexiblen Willen und eine gewisse Beharrlichkeit.

**Zwillinge (22.5-21.6/vedisch 29.4-28.5)**:
Eine Veränderung liegt in der Luft. Ist es noch Frühling oder schon Sommer? Der Zwilling nimmt es unkonventionell, wie das Leben unbeschwert Dinge mit sich bringt. Stellt sich den Tatsachen und reagiert flink auf die unterschiedlichen Events. Die Luft bringt Unruhe und Neugier mit sich. Tiere und Pflanzen treten da und dort in Kontakt miteinander.

**Krebs (22.6-22.7./vedisch 29.5-30.6.):** Ein tiefes Gefühl und das Bett der Gefühle wird gebaut, die Natur prallt ihm/ihr mit goldenen Farben und Prachten entgegen. Die Erde wird mit dem Regen und Feuchtigkeit bewässert. Massen an Früchten und Gemüse wachsen. Das Gewitter bringt Unruhe und entlädt sich emotional. Die Feuchte kann sehr schwer werden. So auch die Gemütslage der Betreffenden.

**Der Löwe (23.7.-23.8./vedisch 31.6-31.7.)**: Die Natur leuchtet golden bis feurig. Sie glänzt. Die Wärme, die hervorgebracht wird, ist eine überlegene Wärme. Die Natur hat eine Reife erreicht, weil sie voller hochsommerlicher Energie ist. Es kann auch zu jähen Gewittern führen, die Blitze am Himmel zeugen von viriler unabhängiger Kraft.

**Jungfrau (24.8.-23.9./vedisch 1.8-30.8.):** Die Zeit naht. Die Ernte muss eingebracht werden. Die Sonneneinstrahlung wird flacher und milder. Fleiss ist wichtig, Ordnung und die Freude, die Arbeit der Ernte auszuführen. Die Frauen und Mädchen arbeiteten oft auf den Feldern, diese Zeit ist eine weibliche Zeit, sie ist von dem Blühen der jungen Frauen und der Mädchen und Frauen überhaupt beherrscht, auch bei weiblichen Männern spriesst vieles.

**Waage (24.9-23.10./vedisch 1.9.-30.9.):** Die Zeit der grossen Ernte, die allmählich eingefahren wurde, ist vorüber. Diese wird gerecht verteilt. Man verbringt die Zeit mit Schönem, den Festen und den Vergnügungen, die Freude herrscht und die Kunsthandwerke schmücken unser Dasein; wir sind gesellig beieinander, dies wirkt auf das Harmonische hin. Man kalkuliert für den Winter und rechnet ab. Das Schöne spiegelt sich in der bunten Baumpracht und schillert in der Herbstsonne.

**Skorpion (24.10.-22.11./vedisch 1.10-30.10):**
Der Nebel schwebt über den Dörfern, Städten, Wiesen, Fluren und Wäldern. Der Himmel trübt sich, die gefallenen Blätter und dürren Äste zeugen von einer Ankündigung einer frostigen Zeit. Gegen den Mittag öffnet sich der Himmel. Etwas sticht emotional durch. Es will Luft und Licht. Man zieht sich gegen den Abend wieder zurück, besinnt sich auf sich selber und stellt sich ein auf ein häusliches Leben, besinnlich sinnlich.

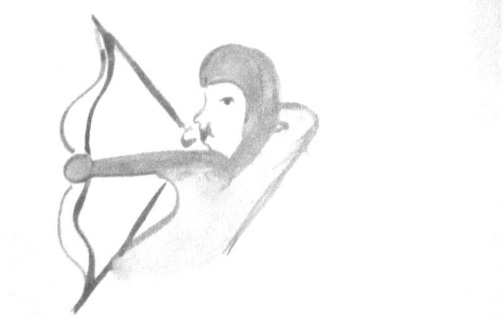

**Schütze (23.11.-21.12./vedisch 31.10-28.11.):**
Der Tiefpunkt der herbstlichen Düsterkeit will mit einer Blitzaktion überwunden werden. Kurz und heftig. In kurzen Abständen immer wieder. Etwas will mit einer Heiterkeit werden und mit Hitzigkeit angegangen werden. Die Herausforderung wird mit einer funkelnden Leichtigkeit gepackt. Sie bereitet uns mit leichtem Optimismus auf den tiefsten Stand der kargen Natur vor, doch da und dort spriessen die kleinen, violetten Blumen-Naturwunder dieser Jahreszeit, da und dort, klein aber fein.

**Steinbock (22.12-20.1./vedisch 29.11.-28.12.):**
Die Sonne scheint fast nicht mehr durch. Die Erde ruht starr, ist trocken, die Natur ist karg. Die zähen Tiere schaffen es durch den Winter. Sie haben sich im Sommer einen Vorrat angelegt, arbeitsam frassen sie ihre Speckschicht an. Sie klammern sich an alles, was niet- und nagelfest ist. Was zählt sind Fakten zu der herben und harten Zeit – das Reale auf Erden bringt und erhält Leben.

**Wassermann (21.1.-19.2./vedisch 29.12.-27.1.):**
Die Luft ist gereinigt, klärt den Verstand, glasklar werden verständlich, was soll oder nicht, zumindest theoretisch weiss man, was für Visionen den Menschen Fortschritt bringen. Er verharrt zusammen mit der Natur als Teil der Natur in der kälteklirrenden, geselligen Gemütlichkeit in der Stube, in irgendeiner Stube dieser Welt oder allen. Gelassen blickt er, wenn nicht cool, der Zukunft entgegen. Gletscherweiss – glitzernder Schnee. Einsame Spitze. Geistig ist die Welt auf Hochtouren. Es dämmert langsam, ihm und ihr aber dann auch seinen Mitmenschen mit ihr und ihr.

**Fische (20.2.-20.3./vedisch 28.1-27.2.):** Die Dämmerung wird allmählich stärker. Bevor der Frühling in vollen Schwung gebracht wird, wird das Jahr ganzheitlich revuepassiert und integriert. Die wärmeren Tage lassen den Schnee schmelzen, ein feines Rinnsal gleitet durch die Ritzen und Fugen der Natur, bewässert sie sanft und bereitet auf den stürmischen Naturbeginn vor. Die Gefühle sind zart und das Gemüt empfindsam bis empfindlich besaitet.

Attribute werden vom abendländischen ins vedische System mittransportiert und umgekehrt. Was heisst das?

Bei diesen Beschreibungen wird stark mit Attributen gearbeitet. Was passiert aber mit den Attributen, wenn sich wie beim vedischen Horoskop, sich die Position *zum heutigen Zeitpunkt* um 23,5 Grad verschiebt. Dann hat der „typische" Widder plötzlich die Attribute der Fische. Würde man nur von den Winkeln ausgehen, ohne dazu die Attribute zu verwenden, so würde sich die Diskussion „Wer passt zu wem?" auf ein geometrisches Abstraktionsniveau heben, welches nicht mehr mit Attributen arbeitet. Das Verhältnis bleibt das gleiche, die Attribute verändern sich aber.

Eine kleine Nebenbemerkung: Die Tatsache, dass es ein Down-Under gibt, Australien, unterstreicht diese Vorgehensweisen, die Astrologie auf ein höheres, geometrisches Abstraktionsniveau zu heben. Doch da kann argumentiert werden, dass sich die Gegenüberliegenden Zeichen gleichen, wenn nicht identisch sind, wie im keltischen Zeichensystem. Dann spielt der Faktor Down-Under keine Rolle mehr, die gegenüberliegenden Wochen sind gleiche Zeichen. Ob man nun auf der nördlichen oder südlichen Halbkugel ist, darauf kommt es nicht mehr an. Man müsste in den Beschreibungen einfach von Jahreszeiten absehen, denn sie sind in genau spiegelverkehrt.

# 3. Vedische und abendländische Astrologie

# kombiniert

### 3.1 Vedische Astrologie & abendländische Astrologie verstehen über geometrische, abstrakte Relationen – ein neues Modell entsteht: LINDBERG MODELL

Diesen Artefakten gehen wir jetzt nach. Einerseits soll kurz das Bezugssystem der vedischen Astrologie betrachtet werden, dann gehen wir den Spuren der abstrakten Astrologie nach, die auf abstrakte Weise nur mit Winkelbeziehungen arbeitet und keine Attribute verwendet. Das kennen wir von der Hamburger Astrologieschule. Wir möchten aber mit Attributen arbeiten, was auch möglich ist. Das abendländische System betrifft eine *Oberflächenstruktur (short-term)* und das vedische System betrifft eine *Tiefenstruktur (long-term)*. Oberflächen- und Tiefenstruktur kennen wir aus der Didaktik, dem Unterrichten von Menschen. Einerseits wird mit der *Oberflächenstruktur* ein Unterricht so inszeniert, dass gewisse Lernprozesse in Gang kommen. Was dabei in Gang kommt, sind die *Tiefenstrukturen* wie Kognitions- und Verarbeitungsprozesse sowie Verstehensmechanismen von zu lernenden oder gelernten Lerninhalten. Die Tiefenstruktur betrifft in diesem astrologischen Modell, meinem *Lindberg-Modell*, nicht die Kognition in erster Linie, sondern vielmehr Lebensthemen und -mechanismen, die sich im Laufe der Zeit manifestieren. Diese werden aber durch die Oberflächenstruktur angestiftet. Wie das geht, wird hier gleich erläutert.

- **Vedische Astrologie**

Die vedische Astrologie hat ihre Ursprünge ähnlich wie Ayurveda und die unterschiedlichen Yogawege ihren Ursprung in den heiligen Schriften und der Praxis aus der Zeit der Veden. Diese Veden wurden allmählich vor 5000Jahren bis heute von Menschen mit besonderen Hör- und Seefähigkeiten empfangen. Es handelt sich um weibliche und männliche Rishis. Dieses vedische Wissen soll jedoch noch viel älter sein, als es die schriftlichen Dokumente bezeugen. Das ist deswegen so, weil das Wissen mündlich überliefert wurde. Die Datierung des Wissens ist deshalb nicht wirklich möglich. Die bekannten Palmblatt-Bibliotheken basieren auf der vedischen Astrologie, man spricht von Jyotisch. Der vedischen Astrologie liegt der siderische Tierkreis zugrunde. Der westlichen unserer abendländischen Sterndeutung liegt der tropische Tierkreis zugrunde. Im abendländischen System liegt der Frühlingspunkt, die Tagundnachtgleiche beim 21. März. Er beginnt im tropischen Tierkereis im Zeichen des Widders im Tierkreis bei null Grad. Im vedischen hat sich dieser Punkt verschoben. Er liegt mittlerweilen im Zeichen der Fische, bei ca. sieben Grad, das ist eine Unterschied von rund 23 Grad, man geht neuerdings, bzw. gegenwärtig von 23,5 Grad aus.

Diese 23,5 Grad, das ist die Berechnung von diesen Jahren. Aber Achtung: In eins, zweihundert Jahren wird sich diese Gradzahl wieder verändern. Das siderische System und das Tropiksystem werden weiter auseinanderstreben.

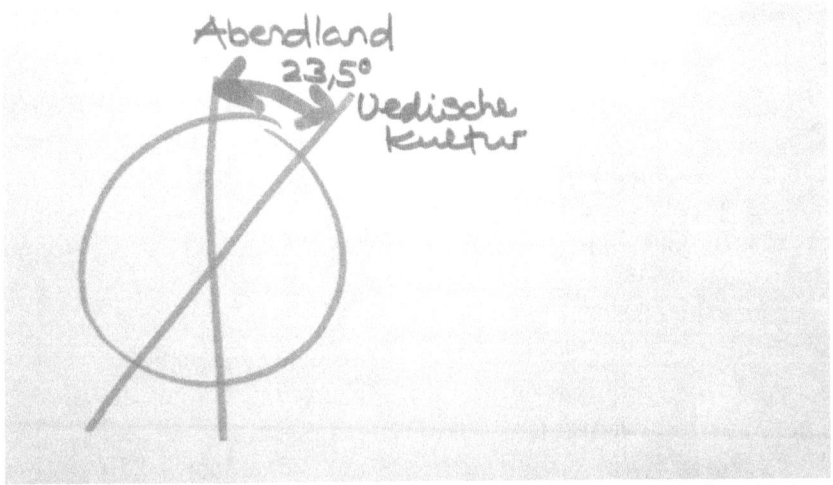

**Skizze 1: Astrologiesysteme des Abendlandes und der vedischen Kultur stehen zum heutigen Zeitpunkt um 23,5 Grad auseinander.**

Der Unterschied kommt folgendermassen zustande:
Die Sonne, der Mond und die anderen Planeten verfügen über eine bestimmte Gravitationskraft. Diese versuchen die Erde, die um 23,5 Grad in Relation zur Ekliptik geneigt ist, aufzurichten. Das tut sie nicht wirklich. Sie wandert stattdessen seitlich aus, weil sie unter der Wirkung des Trägheitsmomentes und ihres Neigungswinkels steht. Das hat zur Folge, dass in jene Bahn, in die sie geneigt ist, in ca. 25800 Jahren 360 Grad einmal voll durchläuft. Wer an dieser Bewegung ebenso teilnimmt, das ist die Äquatorebene, die sich senkrecht auf der Erdachse befindet. Der Frühlingspunkt, d.h. der Schnittpunkt des Himmelsäquators und der Schnittpunkt der Ekliptik haben in 25800 Jahren die Ekliptik ganz durchlaufen. Das nennt sich Präzession. Das bedeutet für den Frühlingspunkt, dass pro Jahr eine 52 Bogensekunden-Differenz entsteht. Diese Differenz geht in westliche Richtung. Sie führt entlang der Ekliptik und sie befindet sich, wie schon erwähnt, im Zeichen der Fische bei 7 Grad, gerade zur heutigen

Zeit.

Die 23,5 Grad müssen, wie schon angedeutet, vom tropischen Planetenstand subtrahiert werden. Diese Berechnung muss ebenso für den Aszendenten vorgenommen werden. Das gilt auch für andere Aspekte wie Mond, Merkur, Venus, Mars, Jupiter, Saturn u.s.w. : Ich beschränk(t)e mich hier nur auf den Aspekt der Sonne der beiden Systeme.

Zur Veranschaulichung brauchen wir folgendes Beispiel:
Jemand wird bei 13 Grad im Zeichen der Geburtssonne des Februars, des Wassermanns geboren, tropisch, abendländisch, am 13.2.. Dieser befindet sich siderisch, vedisch jedoch 19,5 Grad im Zeichen des Steinbocks (man geht von einem Umfang von 30-31 Grad pro Zeichen aus, also ein Monat).

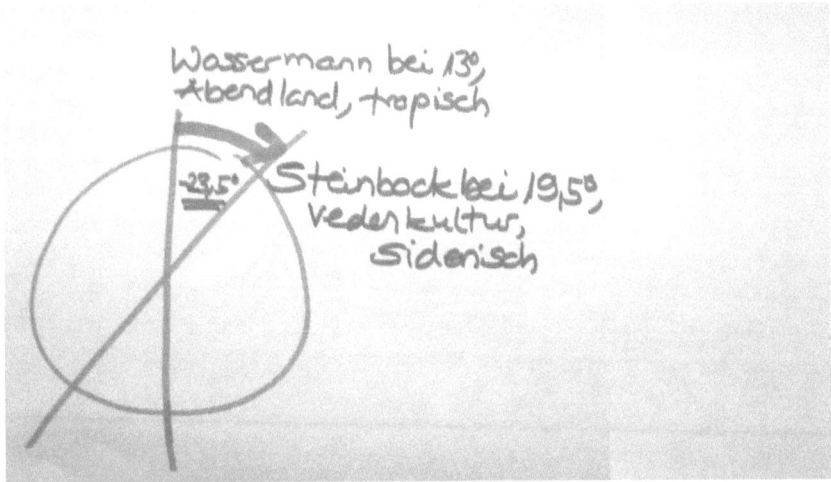

**Skizze 2: Die Veranschaulichung mit dem Wassermann bei 13 Grad/Tag auf dem Tierkreis des Abendlandes, tropisch, mit dem Abstand von *23,5 Grad* landet auf dem Tierkreis auf 19,5 Grad/Tag beim Steinbock auf dem Tierkreis der vedischen Kultur, siderisch.**

Wie sollen nun die beiden gemeinsam betrachtet werde? Wir bereiten uns jetzt auf den Denkspagat vor:

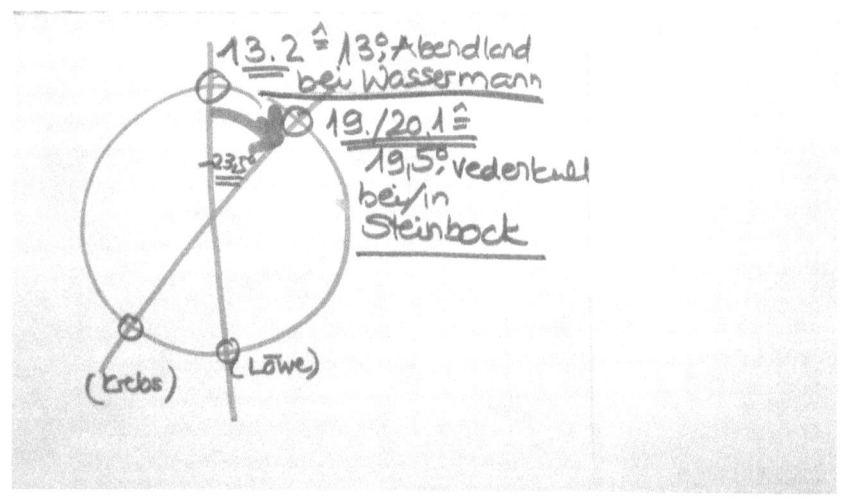

**Skizze 3:** Genauso, wie sich dann Wassermann und Steinbock um 23, 5 Grad unterscheiden, genauso verhält es sich hier z.B. mit dem gegenüberliegenden Zeichen. Also der Löwe im Abendland, tropische Rotation, wird dann in der vedischen Kultur zum Krebs, siderische Rotation. Diese Rotationen stehen im selben Verhältnis zueinander – 1:2.

*Eine Vereinigung ist möglich, ohne Attribute, indem vedisches und abendländisches System auf eine höhere Abstraktionsstufe gehoben werden.*

Was bedeutet das nun konkret? Die Attribute der vorher im Zeichen des Wassermannes geborenen wechseln zu den Attributen von den im Steinbock geborenen. Man könnte meinen, Wassermann ist doch Wassermann und Steinbock ist doch Steinbock. Diese kann man doch nicht plötzlich austauschen. Die Personencharakterisierungen werden sonst total verändert.

56

Dass man in solch einem Fall doch noch mit einem stimmigen Astrologiebild operieren kann, müsste man die Astrologie auf ein Abstraktionsniveau heben, bei dem man nicht mehr mit Attributen operiert, sondern nur noch mit Verhältnissen von Winkeln, v.a. wenn man Beziehungshoroskope bilden will. So gesehen bleiben die Verhältnisse immer dieselben. Ein Steinbock steht immer noch gleich im Verhältnis zu einem Zwilling, wie ursprünglich der Wassermann zum Krebs. Man lässt lediglich die Attribute weg. Man arbeitet also nur noch mit Winkeln und Winkelverhältnissen, ohne die Attribute.

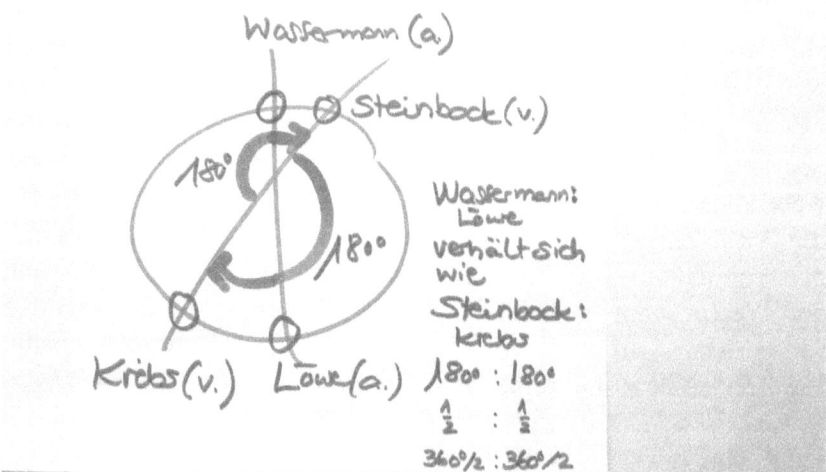

**Skizze 4: Das Denken in Proportionen kennt man in der Weise von der Hamburger Astrologieschule. Sie operiert unter anderem mit Scheiben und sieht die Struktur von Persönlichkeiten in „geometrischen Figuren" - harmonischen Figuren.**

Das Denken in Proportionen, wie wir das in der letzten Skizze sehen, erinnert an die Hamburger Astrologieschule, die ihre Astrologie auf einem extrem hohen Abstraktionsniveau betreibt. Die Abstraktionen bewegen sich nur noch in Winkel-Relationen von Kreisen und Kugeln.

- **Exkurs: _Hamburger Schule_ arbeitet auf einem höheren Abstraktionsniveau**

Alfred Witte, so berichtet Udo Rudolph, Sohn eines Mitarbeiters Wittes, von seinem Zeugnis über die Hamburger Schule. Er benennt sechs Unterschiede zur klassischen Astrologie des Abendlandes. Das Besondere ist hier, dass diese Schule mit den Symmetrien, Spiegelungen arbeitet, damit wird eine selbstgebaute Scheibe verwendet, welche aus der Hamburger Schule hervorging. Die Überlegungen finden auf einem „höheren" also geometrischen Abstraktionsniveau statt. Man arbeitet eigentlich

58

ohne Attribute.

1. Es wird mit acht Transneptunern gearbeitet. Diese Felder sind nicht sichtbare Energiefelder. Sie befinden sich jenseits der Pluto-Bahn. Vier davon sind Cupido, Hades, Zeus und Kronos. Diese wurden von Witte entdeckt. Weitere vier sind Apollon, Admetos, Vulkanus und Poseidon, die von seinem Schüler Friedrich Sieggrün gefunden wurden. Die langsam laufenden Wirkungspunkte wurden über 60 Jahre lang in Hamburg untersucht und auf die Probe gestellt. Die Ergebnisse waren tadellos.

2. *Bei der Hamburger Schule wird mit drehbaren Gradscheiben gearbeitet. Diese erlauben eine dynamische Untersuchung. Sie treten an die Stelle einer statischen Horoskopzeichnung (siehe unten).*

3. Der Widderpunkt mit seiner Bedeutung der Allgemeinheit und Weltöffentlichkeit wird in die Horoskopbetrachtung integriert. Der Widderpunkt fungiert als Schnittpunkt, der zwischen dem Himmels-Äquator und der Ekliptik seht. Dem Frühlingspunkt wird eine besondere Aufmerksamkeit geschenkt.

4. *Ein wichtiger Aspekt der Hamburger Schule ist, dass die Winkelbetrachtung in der Hamburger Schule ersetzt wird durch die symmetrischen Strukturen eines Horoskopes. Diese werden Planetenbilder genannt. Die Symmetrie, die hier vorgefunden wird, erkannte die Wissenschaft als eine Struktur kosmischer Ordnung. Die Mineralien, Tiere, Pflanzen und selbst Menschen sind in dieser Art und Weise strukturiert.*

5. Ausgedrückt werden die Planetenbilder über unterschiedliche Gleichungen $a+b=c+d$ zusammen mit ihrer Permutation. Diese Gleichung wird zur Befundführung der symmetrischen Struktur verwendet. Damit die Planeten gedeutet werden können, dient diese Gleichung zur Deutung. In Frage kommen für die Deutung lediglich diejenigen Planetenbilder, die in Symmetrie zueinander stehen. Lediglich ein Orbis +- 1 Grad ist zugelassen. Wird die Gleichung permutiert, also umgestellt, ergibt

sich die Summe a+b die Halbsummen a/b und sensitiver Punkte (a+b-c).

      6. Witter lehrte ein eigens entwickeltes Häusersystem. Hier werden die Punkte des Krebses, der Waage und des Steinbocks (und Widders) auf der 360-Grad Scheibe verwendet.

Der wirklich interessante Punkt ist der Punkt 2. und vielleicht im Entferntesten ebenso Punkt 4. *Es wird mit drehbaren Gradscheiben gearbeitet. Diese erlauben eine dynamische Untersuchung. Sie treten an die Stelle einer statischen Horoskopzeichnung (siehe oben).*

Genauso wie bei der Hamburger Schule wäre die Betrachtung der beiden Systeme nur über die dynamische Drehscheibe und auf einer höheren Abstraktionsstufe, in unserem Fall jedoch immer noch ohne wirkliche Attribute erläuterbar, nur aufgrund von Winkelharmonien wie 60, 120 oder 180 Grad bzw. Winkeldisharmonien wie 90, 150 und 210 Grad. Unterschiedliche Astrologen und Astrologinnen listen in ihren Werken auf, dass es harmonische und disharmonische Winkel gibt, diese schlagen sich auch in Zweierbeziehungen nieder, so z.B. hier mit der sogenannten Disharmonie 90 Grad (z.B. Jungfrau-Schütze) oder eben Harmonie bei 120 (z.B. Fische-Krebs) Grad auf dem Tierkreis auseinanderstehenden Personen.

Die Differenz zwischen dem einen Beziehungspartner und dem östlichen und dann im westlichen Horoskopsystem beträgt stets 23,5 Grad. D.h. mit anderen Worten: Menschen, die in diesem Leben 90 Grad auseinander im Tropiksystem des Abendlandes zur Welt gekommen sind, bleiben im siderischen System der vedischen Kultur immer noch 90 Grad voneinander entfernt – das gilt ebenso für die weiter oben erwähnten 180 Grad, die immer noch 180 Grad bleiben das mathematisch-geometrische Verhältnis bleibt.

Wir verlassen jedoch für die Besprechung die höhere Abstraktionsstufe der Geometrien und gelangen wieder zu den konkreten Attributen, mit der wir Menschen und Beziehungen charakterisieren wollen. *Wir nehmen die Attribute der beiden Systeme doch mit und kombinieren diese.* Das ist der Denkspagat, den ich in den letzten 15 Jahren vollbrachte und bei 1000 Einzelindividuen und 200 Zweierverbindungen qualitativ nachzuvollziehen versuchte.

**Wozu dient die vedische Astrologie und wozu die abendländische? Wieder diese Frage: Kann man diese wirklich *verbinden*?**

Vertreter und Vertreterinnen der vedischen Astrologie sind der Überzeugung, dass ihre dahinterstehende Philosophie sowieso eine andere sei. Menschen werden nach ihren Monden vereint, die Gründe, wieso Astrologie betrieben würde, sei sowieso eine andere.

Es geht doch gar nicht darum, die beiden nach astrologischen Mondkriterien zu vereinen, mögen Skeptiker und Skeptikerinnen einwenden. Andere wiederum meinen, die abendländische Astrologie diene als blosses Spiel mit spekulativen Regeln, selbsterfüllendem Prophezeiungs-Effekt, oder für diejenigen, die die kosmischen Muster etwas ernster nehmen, als symbolische Darstellung eines unbewussten Seelen-Raumes, damit wichtige Entscheidungen mit Hilfe des Horoskopes getroffen, Persönlichkeitsstrukturen verstanden und Bewegungsmuster erkannt werden können.

Wie dem auch sei. Trotzdem drängte sich im Verlaufe der Zeit die Frage auf, ob doch nicht beide gemeinsam stimmig sind. Vielleicht betreffen sie einfach andere Deutungsebenen, die aber miteinander in Wechselwirkung stehen. Wir kennen das von der Wechselwirkung zwischen Sonnenzeichen, Aszendent und Mond.

Die Superpositionen Sonne, Mond und Aszendent geben bei genauerem Betrachten eine grobe Struktur an. Diese ist nicht statisch, sondern verläuft dynamisch, die einzelnen Komponenten sind in Wechselwirkung zueinander und ändern sich im Verlaufe der Zeit. Die Venus und der Mars geben klassischerweise Auskunft über den ähnlichen Geschmack in der Erotik, Ästhetik (Venus) und Sexualität, Trieb und Antrieb (Mars). Venus zeigt also erotische Vorlieben an, sowie den Geschmack für Ästhetik. Der Mars deutet auf den Trieb, Antrieb, die gelebte Sexualität hin. Ein Mars im Widder-Zeichen deutet auf einen Antrieb einer Supernova hin, der Mars im Fische-Zeichen auf ein feines, feminines und zögerliches, vorsichtiges Bewegen. Der Merkur deutet auf die Art der Kommunikation hin. Ist jemand im Zeichen des Steinbocks geboren, dann wird er wohl eher nur im Groben das Nötigste von sich geben, ohne grosse Schnörkel. Ist Merkur in Waage, wird das, was gesagt wird, ausgewogen, mit dem klärenden Blick betrachtet werden und in besonders schöner Weise gesagt oder zum Ausdruck gebracht. Wie verhält es sich nun mit den beiden Systemen, wenn man lediglich den Aspekt der Sonne betrachtet?

***Vedisches und abendländisches Horoskop in Verbindung: LINDBERG-MODELL*** (nach einem Ort meines Wohnortes benannt, der Lindberg heisst, beschreiben im Artikel: „Mahatma Gandhis Liebes-Licht im Dies- und Jenseits, in the midst of darkness light persists" - In: Lichtfokus-Magazin, Winterausgabe 2015, (Hsg.) Herbert Reinig, siehe ganz im Anschluss dieses Buches – da ist der Grundlagentext für den Artikel ganz zitiert!)

- **15-jährige Beobachtung und Intuition**

Nach fünfzehnjähriger Erfahrung, Beobachtung und Intuition kam ich zu folgendem Schluss:

Die vedische und abendländische Astrologie verhalten sich, wie schon angedeutet, wie Langfristiges mit Tiefenstruktur und Kurzfristiges mit Oberflächenstruktur in Wechselwirkung als Omen für die Gegenwarts- und Musteranalyse von sich begegnenden Individuen.

Dies kann mit einem Eisberg verglichen werden. Das, was sich auf dem Eisberg abspielt, zeigt noch nicht, was sich in grösserem Ausmasse unter dem Wasser abspielt. Oder die Wasseroberfläche inszeniert sich selbst. Zeigt sich von der Oberfläche. Wird etwas darauf bewegt, bewegtes es die Tiefendimension des Sees oder Meeres mit. Umgekehrt vermögen die Bewegungen aus dem Inneren des Meeres die Oberfläche zu gestalten.

Interessant ist also:

a) Das abendländische System zeigte mir auf, wie sich zwei Personen begegnen und auf der Oberfläche interagieren. Dies geschieht in kurzfristiger Weise.

b) Das vedische System zeigt mir auf, wie sich zwei Personen längerfristig aufeinander zu bewegen. Hier zeigt sich mit der Zeit, dass diese Art der Affinität oder Problemstellung zwischen zwei Personen stärker durchdrückt. Diese Tiefenstruktur ist auf längere Sicht diejenige, die mehr Gewicht hat.

Oberflächenstruktur und Tiefenstruktur und Wechselwirkung – Long- und Shortterm:

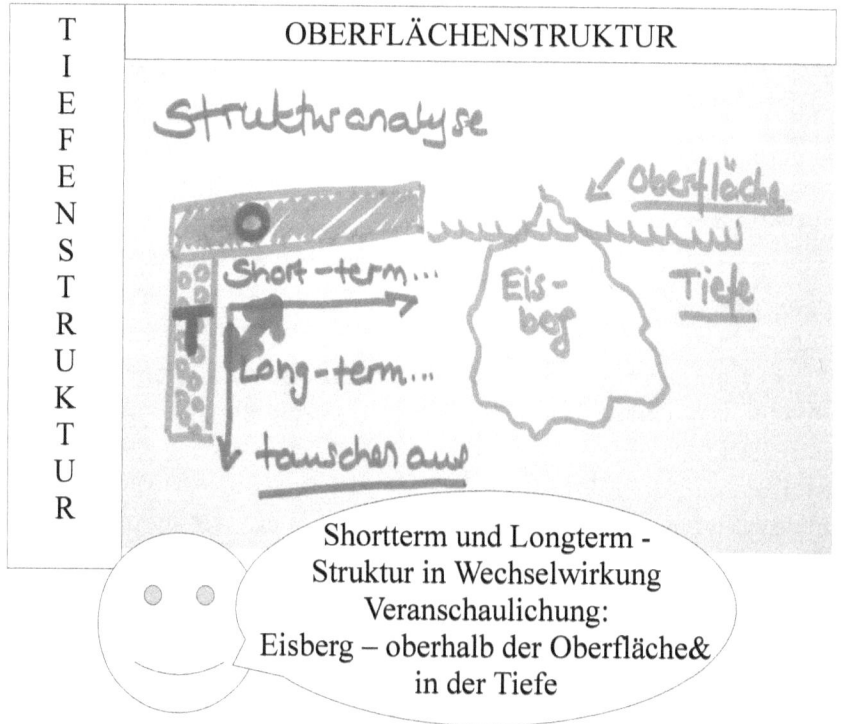

Skizze 5: Wir schauen uns die Oberflächenstruktur an, eine Inszenierung, ein in Kontakttreten – die Tiefenstruktur besagt, in wieweit sich Themen manifestieren, die einen Beschäftigen oder die die Zweier- oder Dreierverbindung beschäftigen. Wie kann ich dem Gegenüber wirklich dienen, was kommt besonders zum Hervorschein?

Wie kam es dazu?

# 4. Begründungen und Hinweise -

# Beobachtung an ca. 1000 Menschen und

# ca. 200 willkürlich gewählten

# Zweierverbindungen

### *4. 1 Grundlage der Beobachtung und der Intuition*

Diese Analyse machte ich mit Hilfe einer 48er Einteilung des Tierkreis-Jahres. Ein dickes Astrologiewerk dokumentiert unzählige Zweierverbindungen unseres abendländischen Systems. In diesem Horoskopsystem wurden die Sonnenzeichen des Astrojahres nicht in zwölf Zeichen unterteilt. Jedes Zeichen wurde in drei weitere Zeichen unterteilt mit den zusätzlichen Übergangszeichen, also vier insgesamt. Fast jede Woche wird eine neue Typologie hergestellt. Es beginnt mit Widder I, dann folgt Widder II dann Widder III und im Anschluss folgte Widder/Stier-Übergang. Das wurde so fortgeführt bis zum Fische/Widder-Übergang. Alle 48 Wochen wurden gepaart miteinander betrachtet. Widder I mit Widder I, Widder I mit Widder II, Widder I mit Widder III, Widder I mit Widder/Stier-Übergang. Hier werden alle Paartypologien, Zweierverbindungen zusätzlich beschrieben. Wer passt in einer stabilen Ehe zusammen, wer wird eine lebendige Liebe leben, wer eignet sich eher für Freundschaften oder für eine Kameradschaft?

Diese wurden meiner Annahme nach über ihre Oberflächenstruktur eingeteilt. Also die Oberflächenstruktur ist hier relevant, abendländisches System, nach Tropik.

*Es zeigte sich also, dass sich die Oberflächeninszenierung bewahrheitete, auf längere Sicht entsprach die Beschreibung der Paartypologien oder Zweierverbindungen eher aber eher den vedischen „Geburtsdaten" mit entsprechenden Attributen.*

Die wurden so berechnet, dass jeweils vom Geburtsdatum je die 23,5 Grad subtrahiert wurden. Dann schaute ich in der entsprechenden Beschreibung nach, betrachtete die Datierung mit der neuen Attribut-Gebung. Diese neue Attribut-Gebung entspricht der vedischen Attribut-Gebung eines Tierkreis-Zeichens. Ich verglich also die Attribut-Gebung des abendländischen und vedischen Systems. Bei noch genauerem Hinschauen also wurden dann zwar die abendländischen Qualitäten, shortterm, zur oberflächlichen Interaktion aktiviert, interagierten jedoch mit den Qualitäten der vedischen Daten und dazugehörenden Attributen, der Tiefenstrukturen, longterm, das siderisches System betreffend.

### 4.2 Typologie einer Person:

### Vedisches und abendländisches System verbunden– ein Beispiel

Der 7. Juli, Krebs II, abendländisches System, landet beim 13,5. Juni, Zwilling III, vedisches System. Die Beschreibung traf dann bei ersterem oberflächlich, aber relevant auf den Menschentypus zu, letzteres tiefgründig und ebenso in Wechselwirkung mit ersterem, jedoch längerfristig in stärkerem Masse.
Der Krebs II wird also kombiniert, vereint betrachtet mit dem Zwilling III wie Rahmen und Inhalt, um noch einmal ein Bild zur Veranschaulichung zu verwenden. Der Rahmen und der Inhalt

eines dreidimensionalen Bildes verhalten sich dynamisch, wechselwirkend, wobei das Bild der dominant-dynamischere Teil ist, das Vedische also. Die Amöbe ist ein schönes Veranschaulichungsmodell eines dreidimensionalen Bildes. Der Rahmen ist die oberste Schicht, die dann in Erscheinung tritt und aber ebenso auf das innere Einfluss hat.

Rahmen und Bild eines dreidimensionalen, dynamischen Bildes ähnlich einer Amöbe.

Skizze 6: Oberflächenstruktur und Tiefenstruktur verhalten sich wie die Oberfläche und die Tief des Meerwassers - oder wie ein dynamisches Bild mit einem dynamischen Rahmen, wie hier gezeichnet, die in Wechselwirkung stehen – ähnlich einer Amöbe mit dem Äusseren und Inneren einer Amöbe zu vergleichen.

In den Metaphern des Meeres gesprochen bedeutet das Folgendes:

Man blicke auf das Meer, die Oberfläche ist auf eine bestimmte Weise strukturiert, diese interagiert mit dem Unteren, doch das Untere manifestiert sich auf längere Sicht als dominanterer Faktor, das was in der Tiefe des Meeres geschieht. Beide hängen aber zusammen.

Die Tiefenstruktur trägt die Oberflächenstruktur und die Oberlächenstruktur inszeniert die Tiefenstruktur. Das kann man beim Meergang beobachten, die Sonne die draufscheint, die Winde die rein peitschen oder fein darüber säuseln, die Wärmeeinstrahlung beeinflusst das Wasser auf der Oberfläche aber ebenso in der Tiefe zusammen mit der Rotation der Erde. Die steten Ströme, Wirbel oder Winkel des Meeres bewegen die massigen Wassermassen. Sie agieren und interagieren in einem Wechselspiel.

### 4.3 Typologien von Zweierverbindungen zwischen den Personen:

#### Vedisches und abendländisches System vereint – ein Beispiel

Wir nehmen den Krebs – der 7. Juli, Krebs II, von oben, kombinieren ihn mit einem neuen Zeichen nun z.B. mit dem 15. Februar, Wassermann III, der im vedischen bei Wassermann I landet, und zwar ca. am 22. Januar. (Das ist die Kombination von mir und einer guten Freundin, Wing-Chun Meisterin, Denise Rössler. „Wing-Tsung" ist eine alte chinesiche Kampfkunst, zur Verteidigung, von chinesischen, buddhistischen Kloster-Frauen gegründet – Meisterinnen Yim Wing Chun und Ng Mui, Shaolin).

Beim abendländischen Sonnenhoroskop zeichnet sich zwischen Krebs II und Wassermann III laut Paartypologie (abendländische Attribuierung) oder der Charakteristik der Zweierverbindung eine gute Freundschaft ab, die nicht ohne nüchterne

Auseinandersetzungen auskommt. Bei der Beschreibung von Zwilling III und Wassermann I/fast schon Übergangswoche Steinbock-Wassermann (vedische Attribuierung) zeichnet sich eine stabile Ehebindung ab, mit befruchtenden, geistigen Höhenflügen.

So gestaltete sich m.E. die Zweierverbindung zwar gemäss der abendländischen Kombination, das war der Grund, wieso man in Kontakt trat und tritt, man braucht etwas in Auseinandersetzung zu besprechen. Die Verbindung gestaltet sich aber bei näherem Hinschauen wie eine eheähnliche Verbindung: Stabil.

Ein weiteres Beispiel von vielen zeigt das zwischen Krebs II, z.B. 7. Juli, und Wassermann/Fische-Übergang, 21.2., und Krebs II – sie werden dann zum Zwillinge III und Wassermann I, Aspekt Sonne. Gehen wir mal eines nach dem anderen an. Dafür machen wir noch einmal einen Exkurs zur Beziehungs-Kunde.

Diese Beziehungs-Kunde ist wichtig, damit man eine Fähigkeit erlangen kann, die über die Astrologie und Attribute-Gebung herausführt, über unsere menschliche Bedingtheit. Dafür braucht es Kenntnisse für Social Skills. Ein Bhakti-Yoga Liebe-Lern-Prozess im Zwischenmenschlichen bedarf unterschiedlicher Fertigkeiten. Wir versuchen mal, weitere Schritte zu gehen. Astrologie dient dazu ist jedoch nicht das Endziel. Das Endziel ist die Liebesbeziehung zwischen Menschen und dem ursprünglichen mütterlichen, göttlichen schöpfenden und schöpferischen Liebes-Licht.

## 4.4 Was bedeutet das eigentlich, eine Beziehung mit jemandem pflegen und in Wechselwirkung stehen?

In der Biologie und ebenso in anderen wissenschaftlichen Bereichen wurden bis anhin unterschiedliche Gründe entdeckt. Es gilt, dass das Vertraute und das Fremde in einem ausgewogenen

Verhältnis zueinander stehen soll. Dann gehen Menschen eine Beziehung ein. Sind sie einander zu vertraut, dann könnte es am erotischen Kick fehlen. Fühlen sie sich einander zu fremd, nimmt die Furcht vor dem anderem Überhand, wird sich keine Beziehung einstellen. Menschen, die miteinander wie Geschwister aufwachsen, werden später vermutlich kaum eine partnerschaftliche Beziehung eingehen wollen. Dies geschieht auch ohne eine Blutsverwandtschaft. Wachsen umgekehrt blutsverwandte Geschwister getrennt voneinander auf, ist es durchaus möglich, dass sie einander später, bei einer Begegnung, plötzlich attraktiv finden. Jede Kultur prägt das Mass an Distanz und Nähe. In traditionell indischer Weise erzogene Menschen werden eine andere Begrifflichkeit und ein anderes Verhaltensmuster bezüglich der Distanz und Nähe entwickeln, verglichen mit den amerikanischen Standards der 68er aus der Zeit der sexuellen Revolution oder den Standards der 58er Pariser Dreiecksbeziehungen, Menage à Trois, nach Sartre und Beauvoir, eine eigene Handhabung von Distanz und Nähe, Zweisamkeit oder Dreisamkeit. Das Paar, Ernst und Röbi, aus dem bekannten Schwulen-Kreis aus Zürich bekannt durch den Film „Der Kreis" prägte den Begriff des „Go-Between", dem Dritten, der zwischen den beiden Zweierverbindungs-Partnerschaft lebt – sich geographisch dann von dem einen zum anderen bewegt und mit jedem der beiden auch eine sinnliche Shakti-Beziehung unterhält. In anderen Berichten hören wir von der gelebten Bisexualität von Menschen, die einen Mann und eine Frau gleichermassen begehren und mit ihnen auch vieles andere teilen.

Es gibt eine ältere Studie, in ihr berichten WissenschafterInnen über die Standards eines ersten Kusses (Margret Mead Stufenmodell): In England brauchte es während des zweiten Weltkrieges viel mehr Dates, bis sich ein Paar küsste (Stufe 25), als das in Amerika der Fall war (Stufe 5). Die Mädchen aus England berichteten, dass die Jungs mit ihnen gleich schlafen wollten und die Jungs berichteten (die in England stationierten Soldaten), dass sie die Mädchen nur küssen wollen. Die Kontakte

70

liefen in 30 Einzelstufen ab. Die „Eskalationsstufe" wird anders wahrgenommen und ebenso eingestuft. Mädchen empfanden den Kuss als Aufforderung fürs gemeinsame Schlafen. Doch die Jungs konnten sich das nicht vorstellen, das wäre ja, als würden sie sich mit einer Dirne treffen, dass man gleich mit einer Frau schläft, nach dem Kuss. Der Kuss ist für die Mädchen jedoch ein aufdringliches Zeichen gewesen, dass die Jungs mit ihnen schlafen wollten.

Die Spanne zwischen, was nun als langweilig oder spannend empfunden wird, ist letztendlich von einem Zu-Fall abhängig. Menschen werden zusammengeführt, weil Amors Pfeil sie trifft. An einem bestimmten Ort zu einem bestimmten Zeitpunkt wird man an bestimmten Menschen kühl und desinteressiert vorbei sehen. Dann wieder wird man aus heiterem Zu-Fall die gleiche Person anlachen und diese zurücklachen – der Himmel weiss wieso – aus heiterem Himmel – und sich prompt verlieben.

### 4.5 Menschentypen und Beziehungsformen

Haben zwei Menschen im gleichen Zeichen das Licht der Welt erblickt, so handelt es sich um zwei Sternen-Geschwister. Sie brauchen einander, als ob zwei Ähnliche einander den Spiegel vorhielten. Sie verstehen einander und bringen für die Macken des anderen viel Toleranz auf. Sie sind stabile Kombinationen. Diese können sich aber für eine Weiterentwicklung im spirituellen Bereich hemmend auswirken.

Das Gegenteil ist der Fall, wenn die beiden einander astrologisch gesehen fremd sind. Sie stammen sozusagen aus unterschiedlichen Welten. Es mag wohl sehr faszinierend sein, wenn jemand besonders wirkt und fremd ist, jedoch ist eine Anpassung auf längere Sicht nicht wirklich umsetzbar.

Was sich natürlich hier bewährt, ist die goldene Mitte, wobei die goldene Mitte alle möglichen Gold-Facetten aufweist. Vertrautes und noch Fremdes, zu Entdeckendes, mischen sich zu einem prickelnden Cocktail zusammen.

Weibliche Zeichen und männliche Zeichen haben die Eigenschaft, wie bereits erwähnt wurde, dass die männlichen eher abgewandt, trennend sind, freiheits-liebend, selbstbestimmt und distanziert, fast oberflächlich, untreu, ständig auf Achse auftreten, wohingegen weibliche Zeichen eher Personen zugewandt, verbindend, abhängig-klettig, treu und Menschen umsorgend und wie Nesthocker wirken. Nun haben wir es, wenn wir das ganze Horoskop einer Person betrachten, in der Regel mit ausserordentlichen Mischtypen zu tun. Die Position von Sonne, Mond, Aszendent, Merkur, Venus, Mars usw. spielt mit. Auf diese Weise können nur Tendenzen herausgelesen werden. Die Elemente Wasser, Luft, Erde und Feuer ergeben ein besonderes Gemisch und in Kombination mit einem Partner in einer Zweierverbindung ergibt das ein kombiniertes Gemisch.

So finden zwei Menschen in einer Zweierbeziehung zusammen, denen zwar Treue wichtig ist, aber sie sehen über die Treue und Untreue des anderen Hinweg, als wäre es nichts. Andererseits treffen zwei andere Menschen in einer Zweierbeziehung zusammen, für die wirkt das wie ein Dolchstoss ins Herz, wenn sie von der Untreue und der Flirterei des anderen erfahren. Die einen mögen sogar aufgeschlossen sein für neuere Formen der Beziehung wie Menage à Trois, die klassische Polygamie, oder sie führen ihr Doppelleben genüsslich als Bisexuelle, wie wir das aus dem antiken Indien und anderen alten Weltkulturen kennen, in denen z.B. die Frau mit dem eigenen Bruder die Familie gründete (Bischof Norbert und Doris in „Das Rätsel Ödipus"). Der Vater des Kindes oder die Väter der Kinder mussten jedoch ausserehliche sein, also natürlich nicht der Bruder, denn da herrscht die Inzestbarriere. Die Verbindungen können jene sein, die wir aus dem alten Griechenland kennen, wo homosexuelle Verbindungen zum gehobeneren Lebensstil gehörten. Oder aber man denke an die Frau aus dem Himalaya-Gebiet, die mehrere Ehemänner um sich schart, damit der Fortbestand der Familie erhalten bleibt. Stirbt einer, bleiben da sicher noch welche übrig, mit denen sie eine Gesellschaft pflegen, hegen und zum Überleben weiterbringt. Hier ist die Rede von Polyandrie.

Zu Komplikationen kann es kommen, wenn der eine von der Art des anderen entweder abgestossen oder abgeschreckt wird. Ebenfalls kann das geschehen, wenn der eine meint, von sich selber zu wissen, er sei offen und es de facto nicht ist. Oder wenn einer oder eine meint, er oder sie sei de facto eine sehr traditionelle Person und wenn es dann drauf ankommt, ist sie herzoffen für alle möglichen Experimente.
Jegliche Art der Respektlosigkeit, Zurückweisung, Intoleranz und Gemeinheiten, Entwertungen und Abschätzendes kann verheerende Verletzungen hinterlassen – es kann sich auch um blosse Missverständnisse handeln.
Darum kommen alle Menschen nicht drumherum, über Kommunikation und die Art der Kommunikation zu kommunizieren, was für sie von Bedeutung ist und was nicht.

Eine Beziehung kann, das muss gesagt werden, aus keinem Grund auf ewig halten oder aber für immer – das Spektrum dazwischen ist vielfältig. In einigen Kulturen wird das Ewige erzwungen. Das hat dann m.E. aber nicht mehr viel mit Liebe zu tun, sondern mit Gesellschaftskontrolle oder einfach ökonomischer Absicherung. Beziehungen können einen Monat lang dauern, was dann sehr katalytisch Grossartiges in Bewegung setzen kann, oder es hat den Charakter eines Highlights oder einer Eintagesfliege. Da ist ein Paar ein Leben lang zusammen: persönliche Bedürfnisse, Wünsche und Möglichkeiten werden aber unterdrückt oder aber, es hält, weil beide Sorge tragen und ihr Ziel ist, einander im Positiven zu dienen, die gegenseitigen Entwicklungen zu erkennen und sich daran zu erfreuen, was auf längere Sicht echte Geschwisterschaft und Freundschaft mit Geborgenheit, Akzeptanz bringt. Ein gemeinsames Arbeiten daran ist notwendig. Es kann auch geschehen, dass die göttliche Intelligenz einen vereinte, damit man sich um einen Nachwuchs sorgt – das ist eine grosse

Verantwortung, die einem wie ein Funke ins Herz und ins Leben gelegt wurden. Beide Partner sind angehalten, sich verantwortungsbewusst um die Menschen, die sie ins Leben gerufen haben, vorbildlich zu liebenden Menschen zu bilden und zu formen, so gut es in ihrer Macht steht. Es mag sein, dass sich ein Paar oder eine Lebensgemeinschaft eine Weile lang trennt und wieder zusammenfindet. Das hat es alles schon gegeben. Die Wege führen dann wieder zusammen, das sollte einen nicht wundern. Es gibt nichts, was es nicht gibt im göttlichen Plan. Die Liebe blüht – nicht nur am Valentinstag. SMILE.

Das Paar von heute oder die Lebensgemeinschaften von heute sind auf jeden Fall Wagnisse: Jede Begegnung bereichert unser Leben auf die eine oder andere Weise. Die Beteiligten fördern einander, lassen auch ihrerseits etwas zu, ob die Beziehung nur eine Sekunde lang oder eine Ewigkeit über mehrere Leben hinweg dauert. Tatsache ist, dass wir alle in irgendeiner Beziehung zueinander stehen und eine Verantwortung für uns und das Gegenüber haben. Jedes Gegenüber, dem man begegnet, kann in einem einen noch brachliegenden Aspekt aktivieren und dieser neue Aspekt kann neu integriert werden, damit wir unser spirituelles, körperliches, geistig-seelisches Potential leben und anderen weiterreichen können. Jede Blume braucht Zeit. Irgendwann ist sie eine Knospe, dann eine erblühte Pracht. So sind wir alles Blumen einer fünfdimensionalen Girlandenpracht auf einer Blumenweide, die Berge und Fluren schmücken. Wir befruchten einander und fördern einander, damit wir zu liebenden Liebeswesen werden, egal, ob wir nun eine Paarbeziehung leben oder nicht, wir sind in Verbindung. Wir entwickeln dabei aber unsere eigenen Qualitäten und Spezialitäten im Dienste für die Gemeinschaft.

### 4.6  Vedisch-abendländische Typologien

Wenn man die vedische und abendländische Astrologie mit dem Aspekt der Sonne kombiniert, entstehen „neue" Typologien. Wirklich neu sind sie nicht, da lediglich die abendländische und die vedische Astrologie integriert werden. Man nimmt also sein eigenes Geburtsdatum. Das ist der Sonnenaspekt des abendländischen Horoskopes. Dann zählt man die 23,5 Grad ab und landet im vedischen Horoskop. Das ist entweder noch im abendländischen Zeichen oder um eines vorverschoben.

Ein Beispiel: Der 4. August im Zeichen des Löwen landet nach Abzug der 23,5 Grad im Zeichen des Krebses beim 11. Juli. Der Mischtyp ist jener des Löwen/Vedisch-Krebs. Das bedeutet, dass der 4. August als Löwe in Erscheinung tritt. Im Verlaufe der Interaktionen mit anderen seiner eigenen Entwicklung vermengen sich die Eigenschaften des Löwen immer mehr mit denen des Krebses. Die Charakterzüge des Krebses werden in der Tiefenstruktur und auf längere Sicht als jene erkannt werden und die viel stärker durchdrücken. Kombiniert mit dem 7. Juli, Krebs II, bzw. mit dem Typus Vedisch-Zwillinge, Typus III, ergibt sich in beiden in der Regel eine verträumte Liebesbeziehung in beiden Systemen. Oberfläche harmoniert mit der Tiefenstruktur, wenn man die Paaraufschlüsselung des Werkes der 48 Typen mit allen 48 Typen paart und analysiert, Personen-Paar-Typenkombination zu rate zieht.
Ich gehe hier nicht von 48 Sonnenzeichen-Personentypologien aus, die ich bis jetzt für meine Grundstudien verwendete, sondern von den lediglich 12 klassischen Sonnenzeichen. Operiert man mit den 12 klassischen Zeichen, dann ergeben sich 12 neue Personen-Typologien, das ergibt dann vereint mit den Typologien des zweiten Systems (tropisches und siderisches) insgesamt 24 Personen-Typologien, wenn man die beiden Systeme des vedischen und abendländischen Systems kombiniert. Bei den Paar-Typologien dann um ein etliches mehr. Jede Personen-

Typologie wird mit einer anderen gepaart.

Wie sieht das für den 7. Juli aus und den 21. Februar? Was kann man da herausfinden? Hier wirken auf der Oberflächenstruktur der Krebs und das Zeichen der Fische. Auf die Länge und in der Tiefenstruktur im Wechselspiel aber mit der Oberflächenstruktur agieren und reagieren dann der Zwilling und der Wassermann. Die sehr gefühlsbetonten Wässerchen nämlich Fischchen und Krebschen sind beim genaueren Hinsehen ein Wechselspiel zwischen Wassermann und Zwillinge. Die Kontaktaufnahme und der Grund des Zusammenfindens sind Gefühle, doch vertieft wird das mit kühlen, lieblichen bis diamantklaren Eigenschaften. Man will eigentlich wie Glitzerlicht für sich und andere glänzen und funkeln, man kennt das vom Engadinerschnee, der beim Sonnenlicht des Mittags funkelt und glänzt. Ganz im beschriebenen Sinne des Bildes und des Rahmens oder der Oberfläche und die Tiefe des Meeres, Oberflächen- und Tiefenstruktur in Wechselwirkung. Etwas wird äusserlich in Bewegung gesetzt. Das wirkt sich auf das Innere aus. Das Innere hat aber eine eigene Bewegung, die das Äussere ebenso mit beeinflusst, jedoch auf längere Sicht dominiert, jedoch nicht den Anschein erweckt.

### *4.7 - 24 Personen-Typologien der abendländisch/vedische Zeichen sind hier kombiniert und beschrieben*

1. **Widder/Vedisch-Fische**: Die Orangeflammen eines Widders stechen sehr heiss, gewichtig, bewegend und träge. Der Widder ist ein bahnbrechendes, geistiges Wesen, dass mit viel feuriger Energie den Weg bereitet, neue Konzepte entwirft, Menschen empowert, ermuntert, sich selber zu verwirklichen such, und er verwirklicht dabei immer auch sich selbst. Im Innern und in

weiter Sicht verbirgt sich jedoch das feine Rinnsal, das in kleinen Bachbetten seinen Wege bahnt, selbst da den Gefühlsweg bahnt, wo man keine Wege glaubt. So schaffen diese Fische ihren Weg mit einer mächtigen Portion an feiner, pedantischer und gefühlsbetonter Intuition. Bei diesem Feuer-Wasser-Aspekt der Sonne vereinen sich das feurig bewegende und das bewegte Wasser.

**2. Widder/Vedisch-Widder**: Die Blauglut und die Orangeflammen eines Widders stechen sehr heiss und träge, jedoch stetig mit grossen Energiemengen und intensiver Hitze. Er bewegt mit seinem Feuer sich, seine Umgebung. Will er sich für die Gesellschaft einsetzen, so tut er es mit inbrünstiger Manier. Die Arbeit und die Liebe lodern. Der vedische Widder-Aspekt bestätigt den Widder-Aspekt des abendländischen Aspektes. Der Widder wird in der vedischen Tiefenstruktur, auf längere Sicht zeigen, so wie er sich mit den Eigenschaften der Oberflächenstruktur inszeniert. Er wird sich mit den Menschen, mit seiner Umwelt und mit sich heftig auseinandersetzen wollen und dabei auf Widerstand stossen. Dieser gibt ihm einen neuen Antrieb, sich den Herausforderungen immer wieder von Neuem wie ein Stehaufmännchen oder -weibchen zu stellen.

**3. Stier/Vedisch-Widder**: Der Stier ist ganz die Erde, auf der wird emsig geschaffen und gebaut. Der Stier steuert seine Ziele an, in „stierer" Art und Weise. Er weist eine romantische, weiche, erdige Seite auf, baut auf handfesten Vorschlägen und handfesten Dingen seine Welt. Der Realitätssinn steht ihm sehr nahe, wenn es um das Umsetzen von Zielen geht, Gedankenkonstrukte, Schwärmereien erhalten dann einen besonderen Charme, wenn sie konkretisiert werden und nicht nur beim Charme bleiben. Mit der Tiefenschau der vedischen Aspekte des Widders regen sich da feurige, flammige Konzepte, Seiten und Energien. Sie wuchten regelrecht mit eigenen Unternehmungen, fast unhaltbar und ungestüm in

Auseinandersetzung mit sich. Diese sind ebenso Weg ebnend. Im Innern verbirgt sich die stetige Widderflamme. Mit grossem Engagement setzt er sich für seine Vorhaben ein. Der von aussen seriös wirkende Stier entpuppt beim genauerem Hinschauen zu einem lodernden Gesellen, dessen Ziel nur eines ist, sich und seine Vorhaben und Mitmenschen mit Wucht dirigieren und mitreissen.

**4. Stier/Vedisch-Stier**: Der Stier ist die Erde, welche nährt, bebaut und bepflanzt wird. Bewässert bringt sie schönste Rosen und wohlriechende Roggenfelder hervor. Das Feld steht still, und alles gedeiht auf ihr. Er baut auf handfesten Vorschlägen und setzt diese ebenso handfest um. Alles was ihn von der erdigen Realität entfernt, seien die Ideen und Visionen noch so gewagt, werden erst dann vom Stier gänzlich ernst genommen, wenn sie eine reale Chance zur Umsetzung erhalten. Dabei darf das Träumen und Lieben nicht fehlen. So, wie man sie in der Natur antreffen kann mit der Natur selbst. Der vedische Aspekt verstärkt dementsprechend in der Tiefenstruktur den Stier-Aspekt des abendländischen.

**5. Zwillinge/Vedisch-Stier**: Die Geborenen im Zeichen der Zwillinge wechseln wie das Wetterfähnchen ihr Gesicht und sind wie ein Chamäleon, sind Meister und Meisterinnen der Anpassung und des sich Dazwischenschlängelns. Je nachdem, was sie für Situationen antreffen, passen sie sich der Umgebung an und vermitteln in flinker Weise die Botschaften in fast unsichtbarer Manier. Die klassische Astrologie ordnet ihnen die beiden Gesichter zu. In Tat und Wahrheit ist das nicht nur eines, sondern gerade das, was sie momentan sein müssen, das Gesicht, welches gerade die Situation erfordert. Blitzschnell erledigen sie, wendig und gelenkig manövrieren sie an den Lebensherausforderungen vorbei oder sie manövrieren ihre Gegenüber schnell in die für sie passende Bahn. Dabei bleiben sie indes behutsam, so dass es kaum bemerkbar ist. Der Stieraspekt der vedischen

Tiefenstruktur bedeutet nichts anderes, als dass dem wendigen Geschäften der Oberfläche eine Tiefe verliehen wird, die sehr viel Realitätssinn einbringt. Das, was auf der Oberfläche inszeniert wird und so vor sich her glimmert und glitzert bedeutet nichts anderes, als dass es im Grunde genommen einfach umgesetzt werden will. Erdige Sicherheit und Realitätssinn sind wichtige Werte und Eigenschaften, die sich im Verlaufe der Zeit im Verborgenen manifestieren aber nicht auf den ersten Blick ersichtlich sind.

**6. Zwillinge/Vedisch-Zwillinge**: Die Luft der Zwillinge ist sehr subtil, die durch Ritzen schleicht, sich in engste Räume schmiegt. Die Zwillinge-Zeichen-Träger und -Trägerinnen passen sich an alle mögliche Situationen adaptiv an. Sie scheinen nicht nur zwei Gesichter zu besitzen, sondern unzählige, verwenden diejenigen, die gerade zur Situation passen. Sie ändern ihre Weisen und ihr Verhalten im Wechsel der angetroffenen Momente, scheinbar fast unscheinbar, und schon nimmt das Chamäleon die Farbe, die Stimmungen und Bewegungen der Umgebung auf. Die Gefahr lauert da, wo sich diese wendigen Persönlichkeiten plötzlich nicht mehr selber spüren, weil sie ständig die Farben, Bewegungen und Formen anderer übernehmen. Dieses sich unstete gerade nach der Situation orientierende Fortbewegen, innerlich und äusserlich, vertieft sich noch mit dem Aspekt der vedischen Zwillinge-Tiefenstruktur. Nichts hält diese Person wirklich im Grunde genommen. Diese Persönlichkeit ist unstet und unabhängig zugleich. Sie vermag dadurch aber in äusserst komplexen Situationen besonders wendig zu reagieren und einzulenken.

**7. Krebs/Vedisch-Zwillinge**: Dem Krebs, mit seinem Panzer, der innen eine tiefe, weiche, gefühlsbetonte Seite aufweist, ist keine Gefühlsregung zuwider. Er lamentiert mit dem Weltlamento, jammert und weint mit den leidenden Läusen, die ihm über die Leber gekrochen sind, hustet und lacht jedoch mit ihnen genauso mit. Das scheint ihn launisch erscheinen zu lassen, was aber nichts mit Launenhaftigkeit zu tun hat, so wie das die klassische Astrologie beschreibt. Viel eher nimmt er wie eine Häuschenschnecke sehr schnell Kontakt auf mit den kleinsten und grössten Geschöpfen und empfindet empathisch bis über die Schmerzensgrenze hinaus mit, ob es sich nun um Freude oder Leid handelt, ob es in der einen Sekunde um einen Hund handelt oder ein Kind, den/das man wie als eine Mutter umsorgen soll. Er gestaltet dementsprechend auf dem Gefühlsgerüst seine Welt auf. Dieses Wechseln wird vertieft in der Tiefenschau durch den vedischen Aspekt. Hier kommt der Zwillingeaspekt gerade recht. Diese Art des Krebses wird auf längere Sicht mit der Unstetigkeit und Unentschlossenheit, aber auch Wendigkeit des Zwillingeaspektes konfrontiert. Er weiss genau und sehr schnell auf Situationen zu reagieren, passt sich an, bietet aber durch seine wechselhafte Art nicht immer Sicherheit. Dies kann als solches wahrgenommen werden, und zwar im Widerspruch zum sehr kardinalen Zeichen des Krebses.

**8. Krebs/Vedisch-Krebs**: Das Wasserzeichen des Krebses ist das Wasser, das wie ein Tsunami Gefühls- und Materialbahnen bildet. Breit und massig wird im Gefühl gebadet, sei es nun negativ oder positiv. Das lässt ihn launisch erscheinen. Es ist nicht wirklich so, dass er das ist, so wie das die klassischen astrologischen Ansätze erklären. Vielmehr tränkt er sich selbst wie ein Schwamm in die Gefühlswelt seiner Umwelt, badet darin und nimmt diese Nuancen dann an. Es erscheint ihm dann umso schwerer, mit dem Aspekt der vedischen Tiefenschau, sich wirklich selbst zu sein und doch bewirkt er durch sein tiefes Verstehen, Mitfühlen und der bewussten Abkehr vom Leid und Kummer etwas. Seine tiefe Verwundung wird zur Heilmotivation für sich und die ganze Menschheit, sobald er die Grenzen seiner Familienbande überwindet und die Weltenfamilie als seine Familie betrachtet.

**9. Löwe/Vedisch-Krebs**: Der Löwe denkt, fühlt und plant in

Dimensionen der Sonne und des Sonnenlichtes. Das Licht und das Feuer des Lagerfeuer lassen ihn ungeahnte Pläne schmieden. Er visioniert, dirigiert und diktiert seine Mitmenschen, was sie zu tun haben, erläutert, lehrt, belehrt und bekehrt sogar sich selber. Die tausend Lichtblitze und Visionen scheitern in der Realität in der Regel, werden leicht zur Illusion und Enttäuschung, doch weil das soviele Lichtblitze sind, wird mit einer mächtigen Portion Optimismus sicher ein Prozent des Vorgenommenen umgesetzt. Zehn von Tausend Projekten. Das ist doch etwas. Damit wird dann auch noch mächtig geprahlt, damit weitere Mitstreiter engagiert werden können. Für die weiteren zehn Prozent der Visionen der neuen Tausend Ideen. Die Samtpfote des Charmes vermag bei den einen ausgeprägt sein. Dabei kommt eine durch und durch spirituelle Seite zum Vorschein. Charismatische Feinheit und feuriger Enthusiasmus machen jeden Fehler wieder wett. Der vedische Tiefenaspekt des Krebses verleiht diesem Zeichen eine gefühlsbetonte, sanfte Seite, eine, die mit viel Mitleid und dem feurigen Charakterzug eine Tiefe, eine kardinale Note verleiht. Die Empathie dieser Charaktere hat eine scheinbar unbegrenzte, fast selbstzerstörerische Dichte.

### 10. Löwe/Vedisch-Löwe: Der Feuer-Löwe wirkt wie ein Ofen, der

Wärme schenkt und etwas von sich gibt, nämlich mächtiges Flackern. Das wäre der Löwe. Er hat seine Gedanken voller Visionen, dirigiert und diktiert andere, was sie tun sollen. Als Lehrerin und Lehrer zu Hause erläutert, lehrt, belehrt und bekehrt er sogar sich selber. Die tausend Leuchtideen und Pläne scheitern in der Realität in der Regel, werden leicht zur Illusion, die Enttäuschung liegt oft sehr nah und damit ist er (im Versteck) nahe am Wasser gebaut, sobald er seine tausend Projekte scheitern sieht, doch weil das so viele Lichtblitze sind, wird er mit einer mächtigen Portion Optimismus sicher ein Prozent des Vorgenommenen in die Tat umwandeln. Zehn von tausend Projekten. Das ist doch etwas. In der Regel wird mit diesen dann gebührend geprahlt, damit seine Umwelt, die nähere und weitere, engagiert weiter miteifert; denn weitere zehn Prozent der Visionen der neuen tausend Ideen sollen ja umgesetzt werden. Mit seinem Samtherz des Charmes vermag er all das in Ordnung bringen, was aus unabsichtlicher Unachtsamkei im Eifer niederbrannte. Dabei kommt eine durch und durch spirituelle Seite zum Vorschein. Charismatische Feinheit und feuriger Enthusiasmus machen jeden Fehler wieder wett. Der Löweaspekt in der vedischen Tiefenstruktur macht diese Gesellen noch zu feurigeren Mitmenschen. Das was sie sehr feurig vertreten, wollen sie ebenso feurig auf weite Sicht und in Auseinandersetzung mit anderen umsetzen.

**11. Jungfrau/Vedisch-Löwe**: Die Jungfrau ist eine, die auf feiner Erde behutsam baut, Festungen der Liebe und manchmal auch des Leides, wenn ihre im Traum erschienene Liebesromanze nicht Wirklichkeit werden darf. Emsig arbeitet sie und behutsam an ihrem Eigenheim und an den liebevollen Freundschaften. Wehe dem, der ein Haar daneben geht, dann kann die Pedanterie plötzlich durchdrücken und den Mitmenschen kleinere Höllen bereiten. Sie meint es nicht so. Ihr Sicherheitsdrang macht sie zum Pedanten, denn mit der Genauigkeit lässt es sich sicherer leben, selbst wenn die Unsicherheit zum pedantischen, sicheren Forschungsgegenstand wird. Das gibt auf jeden Fall Sicherheit. Diese Note kann je nach Horoskop-Träger härter oder weicher ausfallen. Ausgeprägt ist die Seite der bedingungslosen Liebe. Das kann ein Vor- aber auch ein Nachteil sein. Der Aspekt des Löwen der Tiefenstruktur der vedischen Astrologie verleiht dieser Jungfrau im Kern einen feurigen und festen Ausdruck. Das scheinbar zarte Liebesgeflecht entpuppt sich beim näheren Hinschauen als eine nach Auseinandersetzungen strebende Persönlichkeit. Diese ist nicht immer gleich sichtbar. Auf längere Sicht wird das zum Zankapfel mit der eigenen Persönlichkeit, und andere werden dies an dieser Art Persönlichkeit vielleicht missverstehen, da dieser Charakterzug so ganz anders verläuft als bei der Jungfrau. Im weiteren wird die als bissig und frech gesehene Seite der Jungfrau betont und erhält eine besondere Schärfe, denn der Drang des sich Präsentierens kommt bei dieser Jungfrau stärker zur Geltung.

**12. Jungfrau/Vedisch-Jungfrau**: Bei dieser Jungfrau wirkt die Erde wie ein feiner Sand, der, wenn man ihn festhalten will, von der Hand rinnt, Steht man mit einem Gewicht drauf, bildet sich eine Spur, die einem eine Form gibt und Orientierung. Sie liebt auf eine sehr hingebungsvolle, für sie ab und an schmerzvolle Art ihre Mitmenschen, bewegt sich in liebender Weise mit allem Möglichen mit. Doch da ist noch die pedantische Seite, die Sicherheit gibt. Wehe den Menschen, die ein Haar daneben gehen, dann kann die Pedanterie plötzlich durchdrücken und den Mitmenschen kleinere Höllen bereiten. Sie meint es nicht so. Ihr Sicherheitsdrang macht sie zum Pedanten, denn mit der Genauigkeit lässt es sich sicherer leben, selbst wenn die Unsicherheit zum pedantischen Forschungsgegenstand wird. Das gibt auf jeden Fall Sicherheit. Diese Note kann je nach Horoskopträger härter oder weicher ausfallen. Mit dem vedischen Tiefenaspekt wird diese Seite noch besonders betont und auf längere Sicht drückt sie durch.

**13. Waage/Vedisch-Jungfrau**: Die Waage bringt und wünscht Harmonie. Sie verwendet eine liebliche und manchmal auch eine schneidende Vorgehensweise. Versucht doch die Waage einen Ausgleich zu finden zwischen den Kräften, ist sie die Mittlerin, die wägende und wiegende in sich und zwischen den Fronten, Parteien und den Gesellschaftsmitgliedern. Mit einer optimistischen, starken Ausrichtung nach vorne prägt sie stark und unaufhaltsam und kardinal die Umgebung, ohne dass man das gleich merkt. In der Tiefe und auf längere Sicht erkennt man jedoch, dass sie pedantisch genau und auf feine Weise Liebe gibt, ihre Umgebung in selbstloser, manchmal auch überaufopfernder, fast vorwurfsvoller Weise liebt, sich ihren Mitmenschen hingibt, extrem harmoniebedürftig ist, dies wie im Inneren, so auch im Äusseren, mit einer grossen Portion unbändigem und ebenso ästhetischem Gefühl. So erhält diese Waage mit dem vedischen Tiefenaspekt der Jungfrau etwas Erdiges, Reales und Würdevolles, selbstlos lieblich Mütterliches oder Väterliches, etwas Pedantisches bis Liebliches.

**14. Waage/Vedisch-Waage:** Die Art der Luft der Waage ist jene Luft, die in stiller, unbemerkter Weise andere bewegt, eine Art stiller Tornado, der aber von niemandem gesehen wird. Plötzlich sieht man, dass etwas anders ist. Und schon ist es auch schon weg. Mit den mächtigen und gigantischen Ideen und geistigen Loopings vermögen nur die gewieften Mitmenschen dieser Spezies mithalten. So erhaben und brillant sie ist, die Waage mag in Disharmonie und negativem Milieu ihren Optimismus verlieren, der sie durch ihren Alltag führt. So flüchtet sie schnell, um ihre Freiheit und die Schönheiten des Alltags zu finden, um erneut im Schweben und Schwingen der himmlischen Harmonie und Wolkenliebe zu fliegen und zu weilen. Der vedische Aspekt der Waage-Geborenen verleiht diesem durch und durch kardinalen Luftzeichen die tiefe Note der Luft ihrer selbst. Sie wird sich nicht in Widersprüchen verheddern, bleibt auf ihrer Linie, jedoch wird es ihr schwer fallen, von dieser Linie abzuweichen. Ihr luftiges Gewand wird für sie zur Schwierigkeit, wenn es darum geht, emotionale Tiefe und leidenschaftliche Gefühle zu leben. Sobald sie sie berührt, wird sie gleich wieder weg wollen, um in den Harmonien der Himmelsschwingungen zu verweilen, die Sonnenseite zu betrachten und zu leben.

**15. Skorpion/Vedisch-Waage:** Der Skorpion schwimmt im Gefühlsbad, geht in die tiefen Abgründe, bleibt, selbst wenn es allen anderen schon zu widrig geworden ist. Er vermag in die tiefsten Abgründe zu schauen, unangenehmste Situationen zu erleben und Menschen leiten, die konfliktreichsten Settings zu entwirren. Seine tiefe, liebende und leidenschaftliche Seite verleiht ihm/ihr genügend Biss, selbst die schwierigsten Menschen zu verstehen und zu ergründen, Kloaken zu umgehen, aus denen, wenn man nicht Acht gibt, es da raus selbst fast nicht mehr schafft. Der tiefenstrukturelle, vedische Urgrund ist die Waage, die Harmonie sucht und einen geistigen Weg beschreitet, den nur die wendigsten Menschen mitverfolgen können. Das verleiht diesem Skorpion mit dem vedischen Aspekt der Waage auf längere Sicht eine Stetigkeit in geistigen und ästhetischen Bereichen. Der Hunger nach Schönem, der Hang zum Analytischen, Künstlerisch-künstlichen kann bei einigen Exponenten keine Grenzen kennen.

**16. Skorpion/Vedisch-Skorpion**: Der Skorpion führt den Gefühlspfad und Emotionsweg mit seinem Wasser in die tiefen Abgründe. So tief und stetig, wie man sich keinen Abgrund vorstellen kann. Die Tiefe im Meer der tiefsten Meeresschichten ist ein typisches Skorpionwasser. Selbst in der Finsternis gedeihen Fische, Krebse und allerlei Wasserbewohner, von denen man nie geahnt hätte, dass sie in solch finsteren, gefühlstiefen Ecken und Winkeln existieren könnten. Die konfliktreichsten Settings zu knacken wird zur „Deformation professionelle". Die Skorpionaspekte der vedischen Astrologie weisen eine tiefe, liebende und leidenschaftliche Seite auf, verleihen dem Skorpion genügend Ausdauer, selbst die komplexesten Persönlichkeiten zu verstehen, sich in sie einzufühlen und zu ergründen. Manchmal wirkt es so, als befände er sich in Kloaken, aus denen, wenn er nicht Acht gibt, selber nicht mehr rauskommt. Genau darin ist er stark. Das Warten auf einen lichten Tag von Sonne kann ihn heiter stimmen. Darin ist er gut. Ein geduldiges Warten auf einen Sonnentag, machen ihn schon heiter.

**17. Schütze/Vedisch-Skorpion**: Der Schütze verprasst seine Energien und Pfeile wie kleine Funken und ist wendig im Sturm und in der Freude des Lebens. Er vermag sich sehr schnell und behände geistig zu bewegen. Leichtfüssig bewegt er sich durch die Welt, selbst wenn er sehr beleibt ist. Seine Pfeile und er selber als Pfeil blitzen in der Weltgeschichte, er/sie vermag kaum ruhig zu sitzen, sobald er es tut, schon steht er und geht zum nächsten Tagesimpuls von aussen oder innen über, falls man von einer Tagesordnung sprechen kann. Das Spontane will gelebt werden und ebenso spontane Auseinandersetzungen mit dem Gegenüber und mit sich selber, aber nicht immer zur Freude der Umwelt, denn die kann durch die zu vielen, schnell aufeinanderfolgenden Impulse verwirrt und überfordert werden. Der Skorpion-Aspekt aus dem Vedischen gibt ihm das gewisse leidenschaftliche Etwas. Die Tiefe der Gefühle, die sich im Verlaufe der Zeit manifestieren, erblickt man bei dieser Art des Schützen-Skorpion-Zeichens nur bei genauem und tieferem Hinsehen. Schnell wird dann klar, dass es sich um einen Schützen mit Tiefgang handelt. Es stellt sich heraus, dass der gefühlsbetonte Wasseraspekt die tiefsten Kloaken erträgt und die Mitmenschen durch die Tiefen des Lebens führt.

**18. Schütze/Vedisch-Schütze:** Das feine Knisterfeuer, das am Lagerfeuer rundherum knallt und Funken sprüht, ist der Schütze. Er überwindet die innere Dunkelheit mit seinem feinen Feuer. Seine Spontanität ist in jeder Sekunde vorhanden, kaum ist ein Ding der Welt gekostet, schon wird das Neue erprobt. Von den Wechseln kann diese Spezies nicht genug kriegen. Das kann in unterschiedlichen Lebensbereichen seine Ausprägung finden. Er wirkt durch seinen Drang nach Feinheit etwas unstet, sprunghaft und unentschlossen. Wozu braucht man sich zu entschliessen: Schon morgen bringt das Schicksal Zu-Fälle für neue Möglichkeiten, auf die Verpassten kommt es nicht mehr an. Am besten, man entscheidet sich nicht. Das Spontane wird im Leben den richtigen Weg weisen. Die plötzlichen Zufälle bereichern den Schützen immer wieder, und der tiefenstrukurelle, vedische Aspekt deutet auf eine Verstärkung der Eigenart der Schützegeborenen hin. Der Schütze-Aspekt wird im Vedischen voll zum Ausdruck kommen. Dies kann auch für Unsicherheit sorgen. Die Unstetigkeit wird zum Ruhepol des unsteten Seins. Falls man seine Ruhe findet, dann wohl am besten, wenn man sich rastlos immer wieder in neue Lebensgefüge begibt. Alles andere langweilt zu Tode. Doch wie wirkt das auf andere? Augen zu und durch, die werden wohl den Funken sprudelnden und sprühenden Gesellen für seine Licht- und Leuchtfunken lieben.

**19. Steinbock/Vedisch-Schütze**: Der Steinbock, der zerschmetternde, unzerschmetterbare Fels in der Brandung bricht Eisen, ritzt alle anderen Materialien wie ein Diamant. Sein Panzer hält allem Stand. Im Inneren verbirgt sich jedoch ein weiches Gefühl, das an die Oberfläche dringen will. Manchmal gelingt es ihm nicht, vor lauter heroischen, schaffensfrohen Bergbezwingungen und Aufbauarbeiten aus seinem harten Gerüstgewand heraus zu brechen. Die Arbeit macht ihn glücklich, die reale Umsetzung seiner Konzepte sind wahre Weiden in seinem Leben. Je konkreter und handfester die Mitmenschen mit ihm den Weg bahnen, desto gewitzter wird er sich in seine Arbeit verbohren, sich als wahrer Workaholic entpuppen. Seine vier Wände bieten ihm Schutz für Liebe und Erholung. Andere geniessen diese Sicherheit mit ihm mit. In der vedischen Tiefenschau knallt und lodert der Funken in ihm, er sprüht, der Schütze will funkeln. Er überwindet die innere Dunkelheit mit seinem feinen Feuer. Wirkt durch seine Feinheit der Wendigkeit etwas unstet, sprunghaft und unentschlossen. Man braucht sich nicht zu entschliessen, denn schon morgen bringt das Schicksal Zu-Fälle, dafür lohnt es, sich nicht zu entscheiden. Das Leben entscheidet mit, schwemmt in der Arbeit neue Möglichkeiten vor die Haustüre. Das Funkeln wird mit der Zeit durchdrücken und lässt den so an der Oberfläche durch und durch gesottenen hart Wirkenden beweglich auflodern.

**20. Steinbock/Vedisch-Steinbock**: Der Steinbock ist der zerschmetternde Fels in der Brandung, bricht Eisen, ritzt mit seinen Diamanten andere Materialien. Emsig arbeitet er sich durch die Welt, ist erst zufrieden, wenn er mit seiner Arbeit etwas schafft, was nur er schafft. Liebe definiert sich stark über Arbeit und Heim. Der Steinbock des vedischen Aspektes wird also dem Steinbock des abendländischen Systems gerecht und umgekehrt. Das, was er auf der Oberfläche inszeniert, lebt er ganz ebenso in der tiefgründigeren Betrachtung seiner Person. Die konkreten, realitätsnahen und handfesten Impulse von Mitmenschen bahnen mit ihm den Weg. Je mehr er für seine Arbeit gewinnen kann, desto gewitzter wird er sich in seine Arbeit verbohren. Er entpuppt sich als wahrer Workaholic. Seine vier Wände bieten ihm Schutz für Liebe und Erholung, Nestwärme am Kaminfeuer locken schon die Gedanken für die Planung für den nächsten Arbeitstag hervor, andere können da mit ihm geniessen. Die vedische Tiefenschau verstärkt diese Seite des emsigen Bockes, dem kein steiniger Bergweg zu schwierig ist. Er oder sie lernt, jede Leistung und Herausforderung mit seinem konkreten Tun zu bewältigen.

**21. Wassermann/Vedisch-Steinbock:** Die Luft des Wassermann will

ungebändigt den Fortschritt vorzeigen. Gedankliche Sperren sind da nur ein Hindernis. Die Situation will analysiert und nicht gefühlt werden. Der Lehrplan des Lebens ist der Lebensplan selbst, göttlich von oben projiziert und konzipiert. Der Lebensplan wird zur Lebenslehre und wird analysiert und weitergelehrt, wenn manchmal nicht wirklich gelebt, sondern nur gedacht. Die Analyse der Konstruktion, des tiefen Gefühls, der Liebenswürdigkeit wird zum Abstraktum. Man lehrt das, analysiert, psychologisiert bis zum schädlichen Pathologisieren, weil es ihr oder ihm einfach zu viel wird. Man gesellt sich unabhängig mit anderen und zu anderen und vermag sehr neutral Positives und Negatives zu vermitteln. Alle fühlen sich meist wohl beim Wassermann, solange man ihn nicht bindet, er gesellt sich gerne mit den anderen. Der vedische Aspekt des Steinbocks gibt ihm in der Tiefenstruktur den nötigen Halt, den nötigen Biss, Dinge in der Welt dann tatsächlich umzusetzen und nicht nur zu planen und zu analysieren. Der so unbändig wirkende Wassermann erhält mit dem vedischen dominanten Aspekt des Steinbocks eine Schwere und einen Tiefgang, Weichherzigkeit bis Düsterkeit, die ihm so schnell nicht jemand nachmachen kann, das dominiert dann seinen Alltag. Dies bietet dann neuen Stoff für neue Analysen oder die Gefühlsfarben werden einfach gelebt.

**22. Wassermann/Vedisch-Wassermann:** Die Luft des Wassermann ist eine stete Wand. Versucht man dagegen zu preschen, bleibt die unsichtbare Wand stehen. Da besteht keine Chance, etwas einzufangen oder zu zerlegen. Die Wand besteht, fast unsichtbar, aus Luft. Er ist an Fortschrittsglauben und -aktionen den meisten um ein Mehrfaches überlegen. Er lässt sich in der Regel in keiner Weise einfangen, unabhängiger, geselliger und hilfsbereiter Natur bis hin zum rastlosen Weltenbummler, der nirgends wirklich zu Hause, aber auch überall ist, in sich auf Reisen auf der Welt, im Theoretischen, Gedachten und dem Gedachten über das Gefühl, die Metaebene beschäftigt ihn sehr. Nimmt er doch hie und da wie ein Täubchen dann mal auf einem Ast oder sogar auf dem Boden Platz, tätigt seine wichtigsten handfesten Handlungen da, damit er wieder in der Schwebe fliegen kann. Der vedische Tiefenaspekt des Wassermanns wird durch sich selbst nur untermauert. Unterschiedliche Geflechte und Matrixstrukturen der Menschheit und des Kosmos wollen analysiert und nicht gefühlt werden. Der Lehrplan des Kosmos ist der Lebensplan selbst, durch den Wassermann-Aspekt hebt dieser Geselle oder diese Gesellin gänzlich vom Boden ab. Der Aufprall mit der Realität zurück auf dem Boden der Tatsachen kann dann manchmal sehr schmerzvoll ausfallen. Nichtsdestotrotz: Der Lebensplan wird zur Lebenslehre. Diese Lehre wird analysiert und weitergelehrt. Die Analyse der Konstruktion, des tiefen Gefühls, der Liebenswürdigkeit wird zum Abstraktum. Definiere Liebe, das ist Liebe.

**23. Fische/Vedisch-Wassermann:** Die Fische sind feine Rinnsale, bahnen ihren Weg durch allerlei Bachbette, fühlen sich in die Gesellschaft und in das Gegenüber ein. Die in Fische geborenen Menschen erfühlen und ergründen in unermesslicher Weise die feinsten und komplexesten Nuancen der Welt und des Kosmos, schwingen in ihren Körper-Chakren mit den unzähligen Millionen und Abermillionen von Chakren, realen und erträumten mit. Sie werden gleich bewegt, wenn die Schnecke vor ihnen oder die Heuschrecke sich bewegt und blinzelt. Kann man da vielleicht helfen? Selbst, wenn der Teufel drin stecken sollte, lassen sie sich nicht einschüchtern. Doch kippt die Stimmung, weil der Eindrücke zu viele da sind, dann sind nur noch Dämonen da. Selbergebastelte oder wirkliche? Egal mit den selbergebastelten lebt es sich leichter, denn diese lassen sich wieder zerschmettern, damit die lieblichen und liebenswürdigen Liebesschwingungen der Lichtchakren erkundet werden können. Den echten Beelzebub erledigt er mit dem Blick zu den Engelsschwingen ins Gute und ins Licht. Der Kontrast und die Wechselwirkung zwischen den beiden Polen macht die Spannung aus. Der dominantere Aspekt des Wassermanns drückt in der vedischen Tiefendimension durch. Die Luft der Wassermänner scheint eine nicht zu durchdringende Wand zu sein. Er ist unbändig und unabhängig, an Fortschritt interessiert und arbeitet an der gesellschaftlichen Weiterentwicklung. Unterschiedliche Gefüge und Muster der Menschheit und des Kosmos wollen analysiert und nicht wirklich emotional nachvollzogen werden. Mit diesem Theoretisieren hebt dieser Geselle oder diese Gesellin gänzlich vom Boden ab. Die Landung auf dem Boden der Realität, konfrontiert mit Tatsachen, kann dann manchmal sehr schmerzvoll sein und nur mit Mühe nachvollzogen werden. So eine Gemeinheit. Es muss wohl ein Teufelchen gewesen sein oder ein leuchtendes Engelchen mit Witz – ein Bengelchen – das das Bein stellte, damit ein neuer Weg eingeschlagen werden kann?

**24. Fische/Vedisch-Fische**: Die Fischezeichen sind feine Rinnsale, die in kleinen Bachbetten ihre Wege bahnen, selbst da ihre

Gefühlswege bahnen, wo man keine Wege glaubt. Selbst schaffen sie ihren Weg mit einer mächtigen Portion an Intuition. Leicht merken sie nicht mehr, ob jene Form, die sie entlang schlängeln, noch die eigene ist oder die des Gegenstandes, dem sie entlang schlängeln. Fischegeborene fühlen mit der Schnecke auf der Strasse mit, fahren erschreckt zusammen mit der Heuschrecke im Heu. Man wird perplex. Kann man den putzigen Wesen denn helfen? Es wird dann manchmal plötzlich zu viel des Guten oder des Mitgefühlten, eine Überdosis an eigenem und anderen ist da. Zeit für einen Rückzug – Tieftauchen ist angesagt, bis wieder genug Energie da ist. Dann folgt das lange Warten, auf neue Impulse, mit der Frage, die da auftaucht: Wieso meldet sich keiner. Geduldig wird gewartet. Fühlt er sich dabei wohl oder verlassen? Er fühlt sich mit sich beschäftigt. Man möchte nicht gestört werden von schlechten Artgenossen. Das so verstandene Beelzebübchen-Bengelchen im anderen, in der anderen, ist dann nur noch ein Engelchen, sobald er es verstanden und mit ihm gefühlt hat, wieder in Kontakt tritt. Fast so per Zufall. Das Schwarzsehen hat doch oft mit einer übermässigen Konfrontation mit Eindrücken zu tun. Die vedische Tiefenanalyse besagt: Hier bestätigt das Zeichen sich selber. Fischeindividuen erfühlen und ergründen in unermesslicher Weise die feinsten und komplexesten Nuancen der Welt, ihrer Mitmenschen und des Kosmos, schwingen in ihren Chakren des Körpers mit, den unzähligen Millionen und Abermillionen von Chakren, die realen und erträumten. Selbst damit lassen sich neue Wege leichtfüssig bahnen, selber gestaltete und manchmal von aussen geprägte Wege, die dieser Spezies nicht immer behagen, wenn sie von aussen bestimmt und gelebt werden. Es wird darum gehen, den eigenen Weg immer als eigenen zu erkennen, das macht es spannend. Er wird seinen Weg also immer wieder von neuem entdecken, sobald er sich von der Färbung anderer befreit hat.

## 4.8 Zweierverbindungen-Typologien und Paar-Typologien entstehen durch Kombinieren der Persönlichkeitsmerkmale (siehe oben) und eigenes Erstellen, Nachlesen der Kombination

a) Für die Oberflächenstruktur schaut man erst das abendländische Zeichen beider Partner an, der Bereich der Inszenierung und der oberflächlichen Interaktion, welche die Tiefenaktion ebenso tangiert und mitgestaltet, Herausforderungen, die auftauchen, sind oberflächlicher Natur und dienen nur als Mittel zum Zweck, als Grund für die Tiefenbeziehung.

b) Für die Tiefenstruktur, die dominantere, betrachtet man dann die vedische Version, zählt also je 23,5 Grad ab und erhält so das Zeichen der Partner dem vedischen System. Diese Komponente drückt im Verlauf der Zeit durch und gestaltet ihrerseits die Oberfläche mit.

# Liebesbekundungen vom Liebesorakel

Zum Abschluss möchte ich einen besonderen Segenswunsch mit auf den Weg geben. Ich habe dafür für jedes Zeichen Tarotkarten blind gezogen und für jedes Zeichen ausformuliert – Wisdom-Deck der Göttinnen und Götter. Tarotkarten vom göttlichen Liebesorakel wurden für die einzelnen Zeichen spontan gezogen und sollen eben einen Liebessegen mit auf den Weg geben, was für die einzelnen Zeichen bestimmt und interpretiert wurde. Liebeshinweise für die Liebe der zwölf Zeichen – man kann an der Stelle selber entscheiden, ob man lieber das vedische, das abendländische System verwendet oder beide. Dann haben die Mischtypen, wie z.B. Krebs/Vedisch Zwillinge zwei Liebesbekundungen Bei Doppelzeichen des gleichen Zeichens wie z.B. Krebs/vedisch Krebs, sieht man das am besten als Verstärkung – man sieht es, wie wir das nun oben gelernt haben, als ein Wechselwirken von den Komponenten der Oberflächen- und Tiefenstruktur.

### Widder – Karte „Zufriedenheit"
Die verschiedenen Wünsche können dazu dienen, verschiedene Ziele zu leben, zu erreichen – mal Zurückschauen und sehen, was man alles erreicht hat, braucht wenig und verursacht Liebesgefühle. Das Gefühl, Liebe erreicht zu haben, Wohlbefinden auszulösen, nicht Materielles, nicht weiter die Karriereleiter empor steigen, im Mittelpunkt stehen, denn schnell läuft man Gefahr, dafür über Leichen zu gehen, was keine Liebe generiert. Der Dienst an den anderen steht im Zentrum der Gemeinschaft, macht zufrieden.

### Stier – Karte - „Sachverständiger - Sachverständigerin"
Als Stier wird man eine Aufgabe haben, die des Verständigers der Liebe. Die eigenen Liebeserfahrungen, Episoden des Lebens

werden bewusst gelebt und anderen weitergegeben durch die Erzählung und Selbsterfahrenes andere erfahren lassen. Man beobachtet also genauer, wie man wann geliebt wird und überlegt sich, wie man diese Liebe wie ein Fachmann oder eine Fachfrau weitergeben will, die Liebessache vermittelt. Wichtig ist dabei, dass man bei diesen Worten und Handlungen immer selbstlos am Liebesprozess des/der andren teilnimmt.

**Zwillinge – Karte - „Stille, Ruhe"**
Die Zwillinge-Geborenen versuchen stillschweigend Liebe zu verströmen -eine Hilfe, ein gutes Wort, ein ehrlich gemeintes Kompliment, ein Lächeln wird wie Liebeswunder im Alltag wirken, ohne dass es das Gegenüber als fordernd wahrnehmen wird. Das Gegenüber wird durch den Duft der Liebes-Rose und der Gefühle, Gedanken und Handlungen erfasst und wird ihnen Ebensolches mitgeben. Die Liebe zurückgeben werden, den anderen ebenso.

**Krebs – Karte - „Ohne materielle Güter"**
Die materiellen Güter können einem Menschen keine wirkliche Zufriedenheit geben. Es ist für die Krebsgeborenen wichtig, vermehrt auf die Liebesinhalte, Liebesgefühle zu achten – das Auto, die Pokale, das Geld auf der Bank, die schönen Stoffe und Fetzen im Kleiderschrank, Proviant bis ans Ende der Welt sind von vergänglicher Natur, nicht aber das ausgetauschte und übermittelte Liebesgefühl. Trotz der materiellen Sicherheit, die eigentlich eine vermeintliche Sicherheit ist, sei der Krebs gewarnt, sich daran festzuhalten – er kann die Liebesintelligenz entwickeln, unabhängig von der Materie, oder verwendet diese, um anderen ebenso zu dienen, in der Gemeinschaft sich daran zu erfreuen.

**Löwe – Karte - „Angstlos"**
Man muss total von der Liebe überzeugt sein, von der allumfassenden, dass sie die wirklich wohltuende ist, um sie zu

erlangen. Durch die Hingabe an die grosse Liebesmacht, ohne angst, Stolz vermeidend, Gier verneinend, die Überzeugung lebend, dass die Liebe in jedem Augenblick gelebt werden kann, führt uns weiter zu ihr. Angstlos sich der Liebe ergeben, wird Güte in mir und im anderen erzeugen, Liebe als Güte wird gelebt. Angstlos gibt der Löwe von seiner Kraft und Liebe, von seinem Charme und Einsatz. Die Mitmenschen werden ihn dafür lieben und sich bei ihm wärmen und wohlig einrichten.

**Jungfrau – Karte - „Hingabe an die allumfassende Liebe - Bhakti"**
Die Jungfrauen sind aufgefordert, sich der Liebe, der allumfassenden, hinzugeben. Das bedeutet, dass man etwas schenkt, dass man der Liebe Ausdruck verleiht, etwas Schönes tut, Blumen gibt, etwas Schönes denkt, einen schönen Gedanken sendet, eine Hilfestellung dem Nächsten oder der Nächsten bietet. Was auch immer man isst, trinkt und atmet darf bewusst erlebt werden, als etwas Positives, Geschenktes dankbar angenommen werden. Das Liebesgefühl wird sich rasch einstellen, wenn man sich dafür einstellt, wie ein Radioempfänger auf Empfang.

**Waage – Karte - „Barmherzigkeit – Karuna"**
Die im Zeichen der Waage Geborenen sind aufgefordert, vermehrt darauf zu achten, ihre Güte und Barmherzigkeit walten zu lassen. Das geschieht denjenigen gegenüber, die es wirklich benötigen. Alle, die uns umgeben, sind liebenswerte Geschöpfe, die selber eigene Liebessehnsüchte hegen und nur darauf warten, von uns geliebt zu werden. Aufopferung, Güte und auch Verzicht sind Tugenden, die kultiviert werden können. Die Barmherzigkeit lebt man sich selber gegenüber und darüber hinaus lässt man andere daran teilhaben. Der Liebesflow fliesst so besser zwischen den anderen und den Waagegeborenen. Die Liebe wird im Fluss sein.

**Skorpion – Karte - „Askese, wirtschaftlicher, materieller Verzicht"**

Auch die Geborenen im Zeichen des Skorpions werden an sich arbeiten müssen. In der Liebe wachsen bedeutet, darauf zu achten, wo man sich für wen einsetzt. Was für ein Ziel setzt man sich – das materielle, vergängliche, zeitweilige oder das Materie überdauernde, ewige, allumfassende Ziel der Liebe? Dieser Einsatz kann verfeinert werden und er potenziert das Liebesgefühl. Ist man einmal Meisterin oder Meister, wird man immer wieder selbstkritisch Bilanz ziehen, Widerstände besser erkennen, sie bewältigen können, damit das Gegenüber erneut Liebe und Zuneigung erfahren kann.

**Schütze – Karte - „Gleichberechtigt – Gleichheit - Gleichmut"**
Dem Schützen rät das Liebesorakel durch Demut, die Liebe zu entwickeln. Das Denken an die Liebe und Wohlfühlendes macht einen zu einem liebeslernprozess-bewussten Menschen. Teil der Erfahrung kann sein, dass man sich nicht über jemanden oder ein Wesen stellt, sondern davon ausgeht, dass man ebenbürtig ist. Gleichmut soll ebenso gelebt werden. Man kann dem Tod und der Geburt gegenüber gleichmütig eingestellt sein. Als Teile vom Ewigen ist das Leben eine weitere Erfahrung mit vielen bunten Facetten. Beides: Teile des Lebens wie Freud und Leid, sind Teile eines einzigen Prozesses. Kommend und gehend, wie Wolken am Horizont. Wahre, längerfristige Freude erwächst aus Gleichmut und nicht aus materiellem Besitz, Äusserlichem und Oberflächlichem. Freude an der Freude erleben blitzartig in jedem Moment.

**Steinbock – Karte - „ungestört, unabgelenkt, Konzentration"**
Die im Zeichen des Steinbocks Geborenen sind aufgefordert, so meint das Liebesorakel, darauf zu achten, Störungen zu vermeiden, die beim Liebeslernprozess stören, am Einsatz für andere, sich beim Kultivieren der allumfassenden Liebe nicht zu sehr ablenken zu lassen. Ist man ständig mit negativen Gedanken beschäftigt, wird man nur sehr mühsam die ewige Liebe

erreichen, sich im allumfassenden Liebesflow bewegen können. Man versucht also Situationen zu schaffen, in denen solche Liebesflows möglich sind, und wendet diese so gut wie möglich im Alltag an, lässt ihn da herein und hinein fliessen. Der Bergbach vermag Berge zu versetzen oder diese zu zersägen.

## Wassermann – Karte - „Freundlichkeit, Freude, freudig, froh"

Jemand, so wie der Wassermann oder die Wasserfrau, ist schon von Natur aus sehr freundlich – sei es privat, in der Arbeit auf dem Weg – Freundlichkeit schafft Freude und Freundlichkeit wird weitergereicht. Das Leben wird so liebevoll angenehm. Versucht man so etwas wie das allumfassende Liebespotential in sich und im Nächsten zu sehen und für diese Freude Bereitendes zu tun, sagen, denken und fühlen, werden sich solche Liebesquellen formen, von denen man nur träumen kann. Glaubt man an den Wasserfall von Liebeswürdigem? Dann wird er uns oder ihn umhüllen. Das Unkraut, das der Wassermann vor sich findet, könnte ein Heilkraut sein.

### Fische – Karte - Vermeiden der Fehlersuche

Wer im Zeichen der Fische geboren ist, kann noch so viele Fehler auf dem Liebes-Lern-Prozess-Weg tun – sobald er oder sie den Fehler eingesehen hat, seinen/ihren und den der anderen, kann versucht werden, daran zu denken, was alles Gutes und Liebenswürdiges daraus entstanden ist, wie einen der eine oder andere „Fehler" zu etwas geführt hat, woran man nie gedacht hatte. An die Stelle tritt das Gute. Es fordert einen auf, weiterhin an das Gute zu denken und daran festzuhalten, was schon Gutes erreicht wurde. Dies geschieht durch die gute Tat. Beim Suchen der Fehler bei sich und den anderen geht viel Energie verloren. Ist sie wirklich verloren? Man münzt alles etwas um. Die Liebeswunder werden erkannt. Der Blumenweg ist geebnet.

# Literaturverzeichnis

- Bischof Norbert: *Rätsel Ödipus*, 1997
- Bischof-Köhler Doris: *Von Natur aus anders*, 2004
- Goldschneider Gary & Elffers Joost: *Die geheime Sprache der Beziehungen in Liebe, Freundschaft und Beruf*, 1998
- Gottfried: *Erläuterung für die vedische Astrologie*, Internet-Eintrag vom 26. Juni, 2010.
- Kamp, Matthias: *Revolution in der Medizin*, 2014
- Ripota, Peter: *Compact Partnerhoroskop*, 1998.
- Rudolf, Udo: *Basics der Astrologie: Hamburger Schule*, Interneteintrag vom 16. Mai 2012.
- Schmieke, Markus: *Vedische Astrologie in sieben Tagen*, 2002
- Sextus, Empiricus, *Grundriss der pyrrhonischen Skepsis*, 1999, lebte zwischen 160-210
- Vogt, Matthias: *Schnellkurs Astrologie*, 2004

## Frühere Werke der Reihe *Sarasvati Shakti Skripts*

- Mahatma Gandhis Herzensblume aus der Sicht einer Frau, Create Space, Amazon, 2015
- Liebes-Licht Tarot Wege zum kosmischen Bewusstsein, Create Space, Amazon, 2015

# Anhang

Originalartikel gekürzt veröffentlicht im Magazin Lichtfokus, Winterausgabe 2015, mit einem herzlichen Dank an das Magazin Lichtfokus mit Chefredaktor Herbert Reinig, der zusammen mit seinem Team das Veröffentlichen des Artikels ermöglichte.

### Mahatma Gandhis Liebes-Licht im Dies- und Jenseits

### „...in the midst of darkness light persists..."
### M.K. Gandhi

*Anna-Helena Iennaco Sarasvati Shakti*

Die dunkelgrün schillernde Lichtung im Wald vor mir auf meinem Spaziergang an den Weihern am Lindberg unterstreichen meine melancholische Stimmung: Sorgen, Gedanken der Trauer und leidvolle Verletzungen begleiten mich auf dem Waldpfad. Die frohen und melodischen Zwitschergesänge der Vögel um mich herum erreichen vergebens mein Herz. Ich schlendere behutsam, stelle die Füsse Schritt für Schritt vor mich. Es fühlt sich zäh an. Die Tränen perlen wie Tautropfen mein Gesicht nieder und ich frage mich, was dieser Schmerz und diese Lebensfrustration soll? Langsam laufe ich dem Waldbach empor, über die fünf Brücken, sie führen mich gerade zur Quelle der Weiher – da – ein Lichtblitz holt mich aus dem Morast meiner trüben Gedanken. Durch die Baumwipfel und die bauschig getürmten Wolken gleiten die Sonnenpfeile glänzend nieder direkt in mein Auge. Ich blinzle und strenge mich an. Ich will die Freude dieses lichtvollen, glänzenden und glitzernden Anblicks nicht verpassen. - Jetzt! Es schnellt durch mein Gemüt.

Inmitten der Dunkelheit behauptet sich das Licht: - „In the midst of darkness light persists" sagte einst Gandhi und ich ergreife den Gedanken wieder.

Dabei atme ich tief und ruhig durch. Die Schöpfung bietet uns so viel über die Natur. Die Sonne lacht mich an, sie schickt ihre Boten der Wärme und der liebevollen Umarmung. Die Bäume und Tiere sagen mir „Hallo" - freue dich, wir freuen uns, Dich zu sehen. Ich freue mich, in ihrer Gemeinschaft zu sein.
Was ist es eigentlich, was Gandhi mit diesen Worten meinte, die mich gerade eben wieder aus meiner desolaten Jammerstimmung herausholte? Ich recherchiere für meine nächste Gandhisendung am Radio. Was erzähle ich den Menschen?

Ich sitze auf eine Bank, beobachte und spüre gerade, wie sich ein weisser Schmetterling auf meinen weissen Hut setzt. Ein Lichtwesen, der Schmetterling, von dem ich so viel lernen kann. Regungen des Liebes-Lichtes strömen in mein Herz und meinen ganzen Körper, es durchgdringt mich. Was tue ich da gerade? Was berührt mich da gerade?

Ich sinniere weiter nach und krame mein Gandhibuch hervor – was meinte Gandhi eigentlich mit: „...In the midst of darkness light persists..."? Diese Worte Mahatma Gandhis beschäftigen mich jedes Mal, wenn ich sie mir mit seiner Original-Stimme und im Original-Ton anhöre, ihren Zauber und Glanz des spirituellen Lichtes und des Weckrufes haben diese Worte noch nicht verloren. Nein, im Gegenteil. Etwas führt uns von der Dunkelheit ins Licht, sobald wir es aktivieren, daran denken, es uns vorsingen, es klingt in uns an und schwingt in uns liebevoll und lichtvoll.

Je mehr ich mich mit der Theorie und der Praxis Gandhis befasse, desto stärker wirkt das Heilsame, das Bewusstseins-Schärfende und Erhellende. So gestaltet sich mein Alltag mit Gandhis Liebes-Licht und seinen Worten: Inmitten der Dunkelheit überdauert, durchdringt und behauptet sich das Licht. Nach einigem Stöbern im Buch Gandhis finde ich heraus: Das Liebes-Licht ist für Gandhi eng verbunden mit den Zugängen zur Gewaltfreiheit, damit er den Weg zur Wahrheit beschreiten kann. Ebenso braucht er dazu die Liebe, welche mit Gandhis Wort auch als Güte umschrieben wird. Als Mensch mit Wurzeln im vedischen Welt- und Kosmosverstehen sind für ihn die Sanskrit-Begriffe Satya, Dharma und Ahimsa wichtig. Kurz: Satya heisst soviel wie wahr, echt, wirklich, wesentlich, gut, richtig und tugendhaft. Dharma bedeutet soviel wie tragen, halten, das, was unser Wesen betrifft, Gesetze religiöser, gesellschaftlicher Art und das Erfüllen eines religiös und gesellschaftlichen Ziels. Unter Ahimsa versteht er das Nicht-Verletzen von Lebewesen, über Gedanken, Worte, Taten. Gandhi erweitert seine Idee der aktiven Gewaltfreiheit über die Güte. Aktiv gewaltfrei leben heisst, dass ich das Üble ansehe, analysiere, aktiv an den Hörnern packe und aus meinem Herzen werfe.

Meine Augen schweifen vom Buch empor auf das Wasser. Die noch zarten Bachforellen beaugapfeln mich mit ihren Blubberaugen. Ich schaue sie an. Sie mich. Sie wollen wohl von mir gefüttert werden. Die Sonnenstrahlen dringen stärker durch, die klaren Diamantstreifen wärmen mich. Der Weiher spiegelt dieses Lichtspiel und es funkelt auf der ruhigen Oberfläche. Im Hintergrund höre ich fein das zarte Fliessen und Plätschern des Rinnsales an einer winzigen Wasserstufe.

Ich sinniere weiter: Das Wissen Gandhis um die Gesetze, um das vedische Wissen, bedeutet, dass der Mensch als mit anderen Wesen verbundenes Wesen existiert. Bei der Verletzung von anderen wird er unweigerlich sich selbst verletzen. Die Einheit allen Lebens ist eine Grundwahrheit, die dem Kosmos innewohnt. D.h. also: Wenn man meint, alleine für sich selber tun und walten zu wollen, so ist dies ein Verstoss gegen ein kosmisches Gesetz. Das ist Gewalt. Nur eigene Interessen werden vertreten, und dies geschieht dann auf Kosten von anderen Lebewesen. So findet Gandhi seinen Weg zum Licht über die Liebe und Güte, zur Gewaltfreiheit. Ahimsa beinhaltet für ihn auch jene Tugend oder Haltung, die Leben in kreativer Weise fördert und erhält.

Beim Verständnis von Wissen gibt es ebenso das Verständnis von Unwissen, nämlich über das Nicht-Wissen, was das wirklich Reale ist, das Wirkliche, die Wahrheit neben der Unwahrheit. Je nach dem, wer der Betrachter oder die Betrachterin ist, betrachtet er oder sie in eigenen Relationen oder in unendlichen unermesslichen Relationen einer unermesslichen, schöpferischen Liebeskraft. Ein Fisch, ein Schmetterling oder ein Baum nimmt die Welt anders wahr als ein Mensch. Sie verstehen die Welt alle auf ihre eigene Weise, mit den ihnen gegebenen Möglichkeiten der Sicht. Ihre Geschichte, ihr Erfahrungen und ihr Erkenntnisstand vermögen ihnen etwas über das Betrachtete zu sagen. Gebe ich dem Reiher auf seinen Stelzen ein Stück Gold, wird er es wieder ausspucken. Er versteht den Sinn und Zweck nicht. Ich muss ihn verstehen und ihm mit Güte begegnen. Es ist seine Verständnisebene. Ein Stück Brot aus meiner Tasche wird er mit Genuss verspeisen. Betrachtet die allumfassende, unendliche, schöpferische Liebesenergie oder das Liebeslicht: Sie wird vom ewig Wirklichen-Liebenden betrachtet. Mit diesem Verständnis und Bewusstsein wird mir klar, dass etwas missverstanden wurde, rein durch die Tatsache, dass jedes Wesen einen anderen Standpunkt hat. Nehme ich also den Standpunkt des ewigen Liebeslichtes ein, erkenne ich, dass das, was ich Übel nenne, also nicht der Übeltäter ist, sondern eine eigene Fehlwahrnehmung.

Die üble Tat wird also angepackt, besiegt. Die Grundhaltung ist jene der Selbst- und Furchtlosigkeit. Ich nehme einen Schritt zurück, betrachte, beobachte ohne zu zögern. Furchtlos. Selbst- und furchtlos werde ich erkennen, dass ich Mitverursacher der Tat bin, indem ich mich nur in meinen eigenen Relationen und Begrenzungen bewege und erkenne. Ich mache einen Schritt zurück von mir, meinen Absichten und vermeintlichen Motiven. Ich durchdringe das Gegenüber mit meinem Auge des Herzens, der Freude, mit dem der ewigen Liebe. Das ist doch etwas, was im anderen steckt, was Freude, Liebe, Güte und Anerkennung sucht. Ich sehe die Liebeswahrheit aus der Perspektive und im Lichte der Liebeswahrheit, es schliesst die Andersartigkeit des anderen mit ein.

Der Schmetterling flattert mir um die Ohren, die Fische beobachten mich ununterbrochen. Der Wind säuselt stetig durchs Geäst. Der feine Duft der Linden steigt meiner Nase empor. Aus der Ferne ertönt der Glockenton der naheliegenden Kapelle. Das Lichtspiel der sich im Wind bewegenden und rauschenden Baumkronen zwinkern mir wie tausend Licht-Wirbel abermals entgegen. Wer spielt da mit mir? Wer liebkost mich da? Ich halte inne, geniesse einfach den Moment, schliesse die Augen, spüre mein Blut durch meine Adern pulsieren – alles um mich pulsiert und fliesst ineinander. Gedankenstille. Ich ruhe.
Ich senke mein Haupt und blättere im Buch. Fahre den Worten der unendlichen Wahrheit, des Wissens und Freude entlang. Das ist es, was uns berührt, das Wissen der ewigen Freude als die wirkliche Wirklichkeit (vgl. „Sat-Chit-Ananda", Yervada Mandir, SWMG IV:213).

Gandhi erklärt: „Während ich in meiner Suche nach der Wahrheit voranschreite wächst in mir die Überzeugung, dass die Wahrheit alles umfasst. Sie ist nicht in *ahimsa* sondern *ahimsa* ist in ihr. Was von einem reinen Herzen und reinen Intellekt wahrgenommen wird, ist die für diesen Augenblick gültige Wahrheit. Halte daran fest, und sie versetzt dich in die Lage, die reine Wahrheit zu erreichen. Ich kann mir nicht vorstellen, dass wir hierdurch in ein moralisches Dilemma geraten können. Aber oft genug ist es schwierig, zu entscheiden, was *ahimsa* ist. Die Verwendung von Desinfektionsmitteln ist z.B. *himsa* (Gewalt), und doch kommen wir nicht ohne sie aus. Wir müssen ein Leben

103

der *ahimsa* inmitten einer Welt der *himsa* leben, und das ist nur möglich, wenn wir an der Wahrheit festhalten. So leite ich ahimsa von der Wahrheit ab. Aus der Wahrheit gehen die Liebe und die Sanftheit hervor. Ein Anhänger der Wahrheit muss äusserst bescheiden sein. Seine Bescheidenheit wächst in seiner Beachtung der Wahrheit. Ich erkenne dies im Moment meines Lebens" (Brief an Jamnalal Bajaj, 16.3.1922, CWMG XXII:97).

„Die Gewalt versteckt die Wahrheit, und wenn du versuchst, auf der Suche nach der Wahrheit die Wahrheit mit Gewalt zu finden, wirst du die furchtbare Ignoranz auf der Suche nach der Wahrheit verraten. Deshalb habe ich erkannt, dass die Gewaltfreiheit ohne jegliche Ausnahme das Wesentliche im Leben ist" (zitiert in Prabhu, 1954:102).

„Ahimsa ist nicht das Ziel. Wahrheit ist das Ziel. Doch besitzen wir kein Mittel, Wahrheit in den Beziehungen der Menschen unter sich zu verwirklichen, ausser durch die praktische Ausübung von ahimsa. Wahrheit kam auf natürlichem Weg zu mir. Ahimsa erwarb ich mir nach einem Kampf. Da aber ahimsa das Mittel ist, haben wir es im täglichen Leben mehr mit ihr zu tun." (Harijan, 23.6.1946, CWMG LXXXIV:229)

„Da wir niemals alle das Gleiche denken werden und alle die Wahrheit nur fragmentarisch und aus verschiedenen Blickwinkeln sehen, ist die goldene Verhaltensregel die gegenseitige Toleranz. Das Gewissen ist nicht für alle das gleiche. Während es daher ein guter Führer für das individuelle Verhalten ist, wäre es eine unterträgliche Einmischung in die Gewissensfreiheit aller anderen Menschen, wenn man dieses individuelle Verhalten allen aufzwingen würde (Young India, 23. 9. 1926, CWMG XXXI:441).

Beim Anwenden von Satyagraha, dem Festhalten an der Wahrheit, entdeckt Gandhi bereits früh, dass man die Wahrheit nur erlangen kann, wenn man dem anderen gegenüber Geduld übt und ihm Liebe entgegenbringt, um ihn von seinem Irrtum abzubringen. So mag das, was für einen wahr ist, für den anderen als falsch erscheinen. Geduld bedeutet Selbst-Leiden. So gesehen fügt man sich selber ein Leid zu, indem man sich selber einschränkt. Gandhi braucht eine besondere Art der Kommunikation, fügt dem jedoch eine Portion Güte und Geduld hinzu und erklärt den Sachverhalt. Er hat den Mut etwas zu sagen, ans Licht zu tragen, ohne Angst. Mit dem Akt der Liebe bildet man ein Beispiel, lebt den Akt der Liebe vor. Gestärkt wird dieses Vorgehen durch das Annehmen dieser Kraft und den Glauben daran, dem Festhalten daran. Etwas berührt mich, etwas berührt den anderen. Was ist das?

Abermals flitzen nun Vögel über mir hin und her, in Kreisen, fliegen dem Licht entgegen, gleiten wieder zurück. Sie jagen einander frech hinterher, kurven in der Höhe. Mein Buch klappt zu. Der Weiher ruht immer noch in sich. Die Fische haben in der Zwischenzeit ihren Ort gewechselt, ihre Luftblasen bilden noch immer liebliche Spuren an der Wasseroberfläche. Ein Hauch wärmender Luft weht mir durchs Haar, ich wiege mich sanft und weich in ihm. Ich stehe auf, wandle gemütlich und zufrieden durch das Glitzerlicht hier im lichten Wald am Lindberg.

Literatur

- Mohandas Karamachand Gandhi in: The Collected Works of Mahatma Gandhi. Edited by the Ministry of Information and Broadcasting, Governement of India. 90 Volumes. Ahmedabad: Navajivan 1958-1984. (=CWMG)
- Mohandas Karamachand Gandhi in: The Selected Works of Mahatma Gandhi. General Editor. Shriman Narayan. 6 Volumes. Popular Edition. Ahmedabad: Navajivan 1969. (=SWMG)
- Mohandas Karamachand Gandhi in: This was Bapu. By Prabhu, R.K. Ahmedabad: Navajivan 1954.